동양고전연구회

원전에 충실한 주석과 현대적 해석을 통한 동양 고전 출판을 목표로 1992년 6월 출범했다. 한국 철학·선진 유가 철학·송명 유학·청 대 유학·도가 철학을 전공한 연구자들로 구성되어 있으며, 지난 25년 동안 회합하며 고전을 번역하고 주해해 왔다. 우리 전통의 발판 위에 미래 문화를 창달하기 위해 계속해서 번역 작업에 힘쓰고자 한다. 동양고전연구회의 첫 사업으로 간행한 『논어』는 《교수신문》 선정 최고의 번역본으로 꼽혔다.

이강수(李康洙) / 전 연세대 철학과 교수
김병채(金炳采) / 전 한양대 철학과 교수
고재욱(高在旭) / 강원대 철학과 명예교수
이명한(李明漢) / 중앙대 철학과 명예교수
김백현(金白鉉) / 강릉원주대 철학과 교수
유권종(劉權鐘) / 중앙대 철학과 교수
정상봉(鄭相峯) / 건국대 철학과 교수
안재호(安載晧) / 중앙대 철학과 부교수
김태용(金兌勇) / 한양대 철학과 부교수

중용

中庸

중용

中庸

동양고전연구회 역주

민음사

일러두기

1. 이 번역은 중국의 한, 당, 송, 명, 청, 현대 중국의 주석 및 조선 유학자들의 주석을 고루 참
   조하여『중용(中庸)』의 원뜻을 충실히 드러내고자 했다.
2. 이 책은 베이징대학출판사가 펴낸 십삼경주소(十三經注疏, 표점본) 가운데『예기정의(禮記
   正義)』를 대본으로 하여 역해했다.
3. 이 책의 원문은 주희의 분장에 따랐다.
4. 이 책은『중용』의 번역 전문을 먼저 싣고, 해설 부분에서 매 장절에 원문, 번역문, 주해하는
   글, 보충 해설하는 글을 실어 역해했다.
5. 원문 해석에서 이설(異說)은 주해와 해설에서 소개했다.
6. 인명, 서명, 지명, 중요 개념은 처음 나올 경우에만 한자와 한글을 병기하고, 그 뒤에는 되
   도록 한글로 표기했다. 주해의 한자도 필요하면 한자와 한글을 병기했다.
7. 이 책에서는 다음과 같은 부호를 사용하여 인용한 서명과 편명, 글 등을 표기했다.
   서명:『 』
   편명과 글:「 」
   인용문:" "
   강조의 뜻:' '
   원문과 한글을 병기할 때 음이 일치할 경우: ( )
   원문과 한글을 병기할 때 음이 일치하지 않을 경우: [ ]
8. 판본을 지칭할 때는 편의상 주석가의 이름에 근거하여 불렀다.
   예: 황간의『논어의소(論語義疏)』본→'황간본'

서문

　우리 사회는 지금 세계화와 다문화주의라는 거대한 격랑 속을 흘러가고 있다. 세계화가 제2차 세계 대전 이후 정치·경제·문화 세 방면에서 동시적으로 그리고 상호 연관을 이루며 진행되어 왔다면, 다문화주의는 20세기 내내 주류 문화로 군림해 온 서구 및 백인 문화 중심에서 벗어나 비서구 및 소수 인종의 문화도 동등하게 존중하자는 의미에서 시작되었다. 세계화는 일부 국가와 사회의 경제적·문화적 삶을 향상시켰지만 다른 한편에서는 전쟁·테러·성폭력·빈부 격차 등에 의한 전 지구적 문제를 증대시켰고, 다문화주의 역시 곳곳에서 문화적 충돌을 일으키며 소수 민족, 소수 인종의 아름다운 전통문화가 사라지는 원인이 되기도 했다. 특히 여과 없이 받아들여진 서구 문화는 우리 사회 구석구석까지 파고들어 우리 고유의 정체성과 가치관까지 흔들고 있다.

　인류의 우수한 정신 유산과 아름다운 전통문화는 현대 사회에 맞게 계승되고 발전되어야 한다. 세계화와 다문화주의 역시 각 민족의 고유 사상과 문화를 존중하는 바탕 위에서 전개되어야 한다. 우리는 이러한 문제를 함께 고민하면서 고전에서 그 해결의 길을 찾아보자는 데 뜻을 같이

하고 동양고전연구회를 결성했다. 1992년 6월의 일이었다.

우리는 연구회의 사업 목표를 원전에 충실한 주석과 현대적 해석을 통한 동양 고전 출판에 두었다. 그것은 다음과 같은 이유에서였다.

첫째, 우리의 정체성 회복과 올바른 가치관의 확립은 그 뿌리가 되는 고유의 사상이나 문화를 바르게 인식하는 데서 시작해야 한다. 우리는 우리의 전통 사회를 형성한 근본 사상과 문화가 한자 및 사서오경(四書五經)과 불가분의 관계에 있음을 잘 알고 있다. 한자와 함께 들어온 오경은 뒤이어 들어온 불교와 더불어 우리 정신문화의 한 축을 이루어 왔고, 고려 말에 성리학과 같이 전래된 사서는 조선 시대의 정치·사회·문화의 근본이념이 되기도 했다. 이 책들은 지금부터 약 440여 년 전 『논어』 언해본 출판을 필두로 우리말로 번역되기 시작했다. 그동안 적지 않은 번역서들이 나왔지만 일반인들이 이 책들을 고전 이해의 길잡이로 삼기에는 부족했다. 가장 큰 이유는 아마 주요 개념에 대한 부정확한 설명과 고어(古語)적 표현 때문일 것이다. 사실 원전의 의미에 충실한 정확한 주석과 현대적 재해석은 고전 번역 작업의 필수 조건이 되고, 전통 사상과 문화를 올바르게 인식하는 출발점이 될 것이다.

둘째, 우리는 철학적 의미를 담은 주석서(註釋書)를 내고 싶었다. 사실 우리가 이 작업을 시작하던 당시까지 출간된 책 중에는 대부분 송 대(宋代) 주희(朱熹)의 집주(集註)나 현대 중국 학자 혹은 일본 학자들의 책을 대본으로 한 번역서가 많았다. 이 때문에 개념에 대한 정확한 설명이나 철학적 해설의 필요성을 느낀 독자들이 많았으며, 철학이나 유학을 연구하는 사람들도 경전의 정확한 의미를 파악하는 데 어려움이 적지 않았다. 이런 문제들을 직접 겪었던 우리는 주석과 번역에 필요한 자료를 폭넓게 조사하고 고증하여 그것을 바탕으로 세밀하게 주석하고 번역해야 한다고 생각했다.

셋째, 제1차 세계 대전 이후 지금까지 이어지고 있는 심각한 문제 가운데 하나는 도덕성의 타락과 비인간화이다. 특히 현대 사회로 들어오면서 많은 사람들이 동양의 전통문화와 사상은 사회의 민주화에 걸림돌이 된다고 여겨 왔다. 그러나 동양 고전은 도덕성을 바탕으로 한 인본주의 그리고 인간과 자연의 조화에 기초한 인문 세계의 건설에 있다. 우리는 동양 고전이 본질적으로 민주주의나 정의 사회 실현과 어긋나지 않으며 오히려 도움이 된다는 사실을 드러내고 싶었고, 또 독자들이 올바르게 번역된 고전을 읽을 수 있도록 현대화하는 번역 작업에 충분한 가치가 있다고 생각했다.

이러한 생각에서 우리 연구회는 먼저 『논어』, 『중용』, 『대학』, 『맹자』의 순서로 사서 주석서를 내기로 하고 그 첫 사업으로 『논어』를 선정했다. 그 까닭은 이 책이 우리의 전통 사상과 문화에 가장 큰 영향을 끼쳤다고 생각했기 때문이다. 『논어』에 대한 주석은 한 대(漢代)부터 최근에 이르기까지 손꼽을 수 없을 정도로 많다. 그러나 우리나라에서 출간된 『논어』는 그동안 주로 주희의 『논어집주(論語集注)』에 근거해서 해석·번역되어 왔다. 우리는 『논어집주』와 공자의 원뜻 사이에 적지 않은 차이가 있다고 보았다. 그래서 한 대 이후 간행된 책 가운데 중요한 주석서와 참고서를 선정한 후 회원 각자가 한 권씩 분담하여 중요한 개념과 사상적 의미를 정리하기로 했다.

추역 작업에서 우리 번역자들은 먼저 각자가 담당한 한 편씩을 번역하고 각 장마다 필요한 부분에 주석을 달아 모임에서 발표했다. 이렇게 발표된 번역과 주석은 나머지 사람들이 분담한 주석서와의 비교, 토론을 거쳐 정리되었고, 이것이 쌓여서 전체 초역이 완성되었다. 2차 작업은 초역에서 발견된 오역을 바로잡고 또 주석에 근거하지 않은 번역을 주석에 근거한 번역으로 바꾸는 일이었다. 아울러 초역에서 붙인 주해 가운데 지나치게 초보적이거나 또는 문맥의 이해에 직접 도움을 주지 못하는 주석을 솎아 내는 작업도 함께 이루어졌다.

최종 작업은 번역문과 주해를 다듬는 한편 철학적 사유와 개념이나 배경 설명이 필요한 부분을 선정하여 해설을 붙이는 일이었다. 이 작업도 각자가 분담하여 검토와 토론의 과정을 거쳐 이루어졌음은 두말할 나위 없다. 번역 작업을 진행하는 과정에서 우리는 한문의 특성상 여러 가지 뜻으로 옮겨질 수 있는 구절과 마주치곤 했는데, 이때는 항상 유가의 기본 정신에 가장 합당한 뜻이 무엇인가를 염두에 두었다. 또 용어의 선택에서도 요즈음 사람들이 이해하기 쉽도록 현대적 언어로 풀어 쓰는 데 최선을 다했음은 물론이다. 2001년 가을, 우리는 길고 격렬했던 토론의 시간을 마무리했다. 그리고 이듬해인 2002년 4월, 지식산업사에서 우리들의 첫 작품인 『논어』가 출간되었다. 9년여에 걸친 긴 여정이었다. 그러니 그 감회를 어찌 말로 다 표현할 수 있었겠는가?

약 한 학기의 휴식을 가진 뒤 우리는 다시 『중용』과 『대학』의 주석 및 번역 작업에 착수했다. 『중용』과 『대학』의 작업 방법과 절차는 물론 『논어』의 경우와 동일했다. 다만 차이가 있다면 그동안 함께 작업하던 회원 한 사람이 빠지고 대만과 중국에서 막 유학을 마치고 돌아온 젊은 학자 두 사람이 보강되었다는 점이다. 2002년 가을 새 학기가 시작될 즈음 시작한 이 작업은 2011년 가을쯤에 끝났다. 책의 분량에 비해 예상 외로 많은 시간이 걸렸던 것은 중간에 가끔 휴식 기간이 필요해서였다.

마지막으로 『맹자』의 주해와 번역 작업은 2011년 말경에 시작하여 2014년 여름에 끝났다. 『맹자』의 작업도 이전과 같은 방식이었다. 다만 이때도 참여자의 교체가 있었다. 그동안 『논어』, 『중용』, 『대학』의 번역 작업에 참여했던 세 사람이 각자의 사정으로 빠지고 새로 대만과 중국에서 유학을 마치고 돌아온 젊은 학자 두 사람이 참여하게 되었다.

우리 연구회는 한국 철학·선진 유가 철학·송명 유학·청 대 유학·도 가 철학 전공자들로 구성되어 있다. 이러한 다양한 전공은 아무래도 주 석과 번역의 작업에 단점보다는 장점이 많았다고 할 수 있다. 우리는 각 자 자신의 전공에 관련된 기존의 주석서를 조사하고 정리해 왔다. 이로 인해 매우 폭넓은 기초 자료를 바탕으로 다양한 견해를 주고받을 수 있 었고 발표와 토론의 내용도 더욱 풍부해졌다.

인공 지능 시대의 도래가 진지하게 논의되는 이 시점에서 2000여 년 전에 나온 고전의 번역 작업은 과연 어떤 의미가 있을까? 한편 지금 사 람들은 왜 인문학과 고전에 열광하고 있을까? 이것은 어쩌면 물질적 욕 망과 문화적 이상 추구 사이에 있는 인간의 아이러니일지 모른다. 그러 나 고개를 들고 지금 지구 상에서 일어나고 있는 일들을 둘러보면 그 답 은 자명해진다. 지금 세계 곳곳에서는 인종, 문화, 종교 간 갈등으로 인한 폭력과 성별, 빈부 격차에서 비롯한 충돌이 끊임없이 일어나고 있으며 그 끝은 보이지도 않는다.

1989년 스위스 출신의 로마 가톨릭교회 사제이자 저명한 기독교 신학 자 한스 큉(Hans Küng)은 "종교 간의 평화 없이 세계 평화는 없다."라고 말했다. 당시 그는 세계 6대 정신 전통으로 유대교, 기독교, 이슬람교, 힌 두교, 불교, 유교를 들고 이들 종교 간의 대화를 이끌며 적극적인 지지를 얻어 냈다. 4년 후인 1993년 그는 시카고에서 열린 세계종교회의에서 「세 계 윤리 선언」을 통과시켰다. 이 회의에서는 특히 공자가 말한 "자신이 원 치 않는 일을 남에게 베풀지 말 것이다.〔己所不欲, 勿施於人.〕"를 현대 적 황금률이라고 표현하면서 「세계 윤리와 종교의 대화」의 서막을 열었 다. 서구의 기독교인인 그가 어째서 『논어』를 세계 평화의 길잡이로 선포 했을까? 어쩌면 한스 큉도 평등과 평화가 실현되는 세계를 이루어 나가 는 데 공자의 정신이 잘 부합한다고 생각한 것이 아닐까? 우리는 이들 선언을 접하면서 우리의 작업이 그다지 쓸데없는 일은 아님을 다시 한 번 확인했다.

우리의 작업은 2014년 여름 『맹자』의 주석과 번역을 끝으로 대단원의 막을 내렸다. 때로는 휴식기도 있었지만 22년가량의 세월이 걸린 이 작업에는 우리의 인내와 땀이 배어 있다. 그렇지만 아직 많은 문제점이 남아 있으리라는 생각은 지울 수가 없다. 우리는 이 책들의 내용이 완전해질 때까지 계속 수정판을 낼 것이며 독자들이 보내 주는 의견들은 연구회의 논의를 거쳐 반드시 반영할 것임을 약속한다. 독자들의 아낌없는 지적과 바른 가르침을 기다린다.

안타깝게도 우리 모임의 주춧돌이시던 김병채 선생께서 책이 출판되기 1년여 전에 대학 해제 초고를 써 놓고 영면에 드셨다. 22년을 함께하며 모임을 이끌어 주시던 선생께서는 사서의 출간을 누구보다 더 기뻐하셨을 것이다. 늘 환하게 웃는 선생의 모습은 영원히 우리의 가슴에 남아 있으리라.

출판계의 어려운 상황에도 불구하고 이미 여러 해 전에 우리 연구회의 사서 완역본 출간을 결심하고 지원해 주신 민음사와 편집부 여러 분께 감사드린다.

역자들을 대신하여
고재욱 삼가 씀

해제

1 『중용』의 역사적 지위

공자는 『논어』 「옹야(雍也)」 편에서 "중용의 덕은 지극하구나! 이 덕을 실행할 수 있는 백성이 드문 지 오래되었다."라고 말했다. 그리고 「선진(先進)」 편에서는 "사(師, 자장(子張))는 지나치고 상(商, 자하(子夏))은 미치지 못한다. 지나침은 미치지 못함과 같다. …… 염유는 뒤로 물러나는 성품이기 때문에 앞으로 나아가게 이끌었고, 자로는 앞질러 나가는 성품이기 때문에 물러날 줄 알게 한 것이다."라고 하여 제자들의 행위와 성품을 통해 중용의 의미를 간명하게 표현했다. 공자가 말한 '지나침'이나 '미치지 못함'은 모두 중용이 아님을 뜻한다. 중용은 공자가 제자를 가르친 기준인 동시에 방법이라고 할 수 있다.

『중용』은 원래 『소대례기(小戴禮記)』 49편 가운데 제31편이었다. 『한서(漢書)』 「예문지(藝文志)」에는 작자 미상의 「중용설(中庸說)」 2편이 수록되어 있는데, 이것은 『중용』에 대한 연구가 이미 한 대(漢代)부터 시작되었음을 의미한다. 『수서(隋書)』 「경적지(經籍志)」에도 남조(南朝) 때 송나라의 대옹(戴顒)이 쓴『중용전(中庸傳)』2권과 양 무제(梁武帝)의『중용강소(中庸講疏)』1권이 언급되어 있고, 당 대(唐代)에는 이고(李翶)가『중용설(中庸說)』1권을 지었다고 전해진다.

그러나 이 책들은 현재 모두 사라지고 없으며 다만 이고의『복성서(復性書)』에『중용』에 관한 연구가 언급되어 있을 뿐이다. 이 때문에 후세 사람들은 이고가 처음으로『중용』을 깊이 있게 연구하였으며 이후 송 대(宋代) 유학자들이『중용』에 주목하도록 문을 열었다고 말한다.

북송 시대에 이르러 많은 사람이『중용』을 연구하기 시작했다. 특히 정호(程顥)와 정이(程頤) 형제가『중용해(中庸解)』1편을 짓고『중용』이 유학의 심법(心法)을 전해 주었다고 함으로써『중용』을 유가 도덕철학의 형이상학적 근거이자 후일 성리학 형성의 논리적 근거로 삼았다. 이로부터 후대 학자들은 더욱『중용』을 중시하게 되었다. 특히 남송의 주희는 1190년『논어』·『중용』·『대학』·『맹자』를 '사자서(四子書)'라고 명명하고 여기에 각각 주해(註解)를 지었다. 이 책들은 뒤에 '사서(四書)'로 불리면서 유학의 근본서로 자리 잡았으며『중용』역시 독립된 단행본으로 분류되어 유학의 근본 경전 가운데 하나가 되었다.

유학은 본래 인간의 도덕성에 기초한 현세주의, 인본주의를 지향한다. 그리고 그 형이상학적 바탕에는『중용』이 있다. 이 점에서『중용』은 오늘날 인성의 상실과 도덕성의 부재로 인해서 발생하는 사회 문제를 해소하는 데 일익을 담당할 것이다.

2 『중용』의 저자와 저작 시기의 문제

『중용』의 저작 시기와 저자에 대해서는 문헌학적으로 많은 이설이 있다. 이에 대한 가장 오래된 주장은 『사기(史記)』 「공자세가(孔子世家)」의 기록이다. 「공자세가」에는 "백어(伯魚, 공자의 아들 공리(孔鯉))가 급(伋)을 낳았는데 자(字)는 자사(子思)이고 62세를 살았다. 송나라에서 고난을 당했다. 자사는 『중용』을 지었다."라고 기록되어 있다. 한 대의 정현(鄭玄) 역시 『예기정의(禮記正義)』에 인용된 「예기목록(禮記目錄)」에서 "『중용』은 공자의 손자 자사가 지은 것으로 성조의 덕을 밝힌 것이다."라고 말했다. 북송의 정호, 정이 형제와 남송의 주희는 이들의 설을 그대로 따랐다.

그러나 송 대부터 이미 자사가 『중용』을 지었다는 설에 의심을 품은 학자들이 나타났다. 구양수(歐陽脩)와 엽적(葉適)은 『중용』에서 말하는 이치가 너무 심오하여 공자로부터 전해진 것이 아니라고 생각했고, 진선(陳善)과 왕백(王栢)도 『중용』에 후대 유학자의 설도 들어 있다는 점을 지적하며 모두 자사가 지은 것은 아니라고 의심했다.

청 대(淸代)에는 『중용』이 자사의 작품이 아니라고 생각하는 사람이 더욱 많아졌고 그 이유도 다양했다. 원매(袁枚)는 『중용』에 나오는 화악(華嶽)이 당시 서쪽 진(秦)나라에 있는 산이고 자사가 그곳에 가 보았을 리가 없기 때문에 『중용』은 자사가 지은 것이 아니라 한나라 유학자들이 지었다고 주장했다. 또 최술(崔述)은 『중용』에서 사용하는 용어와 문체 그리고 『중용』이 맹자의 구절을 인용했다는 예를 제시하며 자사의 저작이 아니라고 했다.

이러한 주장은 1919년 5·4 운동의 한 흐름으로 일어난 의고파(疑古派)에 의해 더욱 힘을 받았다. 그들은 공자 비판을 학문적으로 뒷받침하기 위해 경서 및 고대사의 신빙성을 세밀하게 검토했다. 이 과정을 거치면서 공자는 독존적 지위에서 끌어내려졌고, 성전(聖典)으로 받들어 온 유가의 육경도 제자백가서와 같이 단순한 학문적 대상으로 평가 절하 되었다.

이러한 운동에 맞서서 고고학을 바탕으로 고대 문헌의 진실을 밝히려는 학자들도 나타났다. 그들은 왕궈웨이(王國維)를 필두로 한 갑골학(甲骨學) 연구자들이었다. 왕궈웨이는 의고파에게 버림받은 고대사를 복원하기 시작했고, 그를 이어서 등장한 둥쭤빈(董作賓)은 1928년부터 은허를 발굴했다. 이 발굴 작업의 결과 중국 고대사는 오히려 1000년을 더 올라가게 되었다. 그러나 유학에 미친 영향은 미미해서『논어』,『맹자』,『순자』 정도만 인정을 받았을 뿐 지하 자료가 발굴되지 않은『중용』이나『대학』은 여전히 지위를 회복하지 못했다.

현대에 들어와서도『중용』의 저작 시기와 저자에 관한 논쟁은 계속되었다. 펑유란(馮友蘭)은『중용』의 중간 부분은 공자의 사상을 드러낸 것으로서 문체가 대화체이므로 자사의 저작이라고 보았다. 그러나 첫 단락과 끝 단락은 대부분 사람과 우주의 관계를 언급하고 있고 문체 역시 논술체이기 때문에 이 부분은 맹자 사상 가운데 천인상통(天人相通)의 경향을 드러낸 것으로서 훗날 유학자들이 첨가한 것이라고 보았다.

쉬푸관(徐復觀)은『중용』을『한서』「예문지」처럼 상하 두 편으로 나누어 상편은 비록 다른 사람의 말이 들어 있기는 하지만 자사가 지었고, 하편은 상편의 사상적 발전으로서 맹자보다는 앞선 시대 자사의 문인에게서 나왔으며 그가 바로 오늘날의『중용』을 편집한 사람이라고 보았다. 그리고『중용』의 몇몇 장은 내용적으로 본문과 무관하지만 그 역시 공자 제자들의 글로서 한 대 유학자와는 관련이 없다고 결론지었다.

그러나 탕쥔이(唐君毅)는『중용』에서 말하는 성(性)이 분명히 도가와 순자가 제기한 성선설에 관한 대답이므로 맹자보다는 뒤에 저작되었다고 보았다. 이와 달리 머우쫑싼(牟宗三)은『중용』에서 말하는 성(性)은 공맹의 심성론을 발전시켜 나간 것으로서 천도가 부여한 도덕적 본성이라고 말했다. 그는 천(天)과 성(性)은 서로 통하며『중용』후반부에서 말하는 성(誠), 지성(至誠), 진성(盡性) 역시 맹자의 성선설에 근본해서 나온 것이므로『중용』은『논어』와『맹자』뒤에 저술된 책이라고 보았다.

1970년대에 이르러 저자와 저작 시기에 관한 문제는 새로운 전기를 맞게 된다. 1973년 중국 후난 성(湖南省) 창사 시(長沙市) 마왕퇴 한묘(馬王堆漢墓)에서 명주 비단에 쓴 문헌 자료가 출토되었다. 이 자료에는 도가와 관련된 문헌도 있었지만『역전(易傳)』,『오행(五行)』등 유가와 관련된 문헌도 나왔다. 이로 인해 당시까지 한 대에 만들어졌던 것으로 여겨지던『역전』이 전국 시대 중후반기 공자의 제자가 지은 것으로 밝혀졌으며, 순자가 자사와 맹자를 비판한 일들이 증명됨으로써 자사, 맹자, 순자의 관계도 정리되었다.

20년 후인 1993년 12월에는 중국 후베이 성(湖北省) 징먼 시(荊門市) 곽점(郭店)에 있는 초나라 무덤에서 대나무 쪽 즉 죽간(竹簡)에 쓴 고대 문헌이 발굴되었다. 여기에서 출토된 자료들은『노자』갑·을·병본과 '태일생수(太一生水)' 그리고 도가와 유가를 절충하여 쓴 '어총(語叢)' 4편과 유가 자료 10편으로서 모두 전국 시대 초기 작품으로 밝혀졌다. 이 곽점 초묘(楚墓) 죽간을 조사한 중국 학자들은 이들 자료가 자사와 그의 문인들이 지은 것이라는 결론을 내렸다. 그리고『중용』역시 비록 내용상 착간(錯簡)이나 편집 때 뒤바뀐 것이 있지만 주희의 말처럼 자사의 저작이라는 데 의견을 모았다.

결국 이 발굴은『중용』이『대학』과 함께 기원전 450년에서 400년 전후에 자사와 그의 문인들에 의해 저술되었으며 공자와 맹자 사이 약 150여 년의 학술 사상의 맥락을 이어 준다는 사실을 증명해 준 셈이다. 또 이 발굴은 공자의 학문 사상이 증자, 자사, 맹자로 전수되었다는 사실과 주희가 설정한 사서의 저작 연대는『논어』,『중용』,『대학』,『맹자』의 순서가 된다는 사실을 알려 주었다. 그러나 더욱 중요한 것은 공자의 사상을 전수한 문헌은『논어』외에도 여러 영역의 자료가 있으며 공자 사상의 연구도 형이상학을 포함한 다방면에서 이뤄질 수 있다는 점이다.

3　중용의 의미

고대부터 중(中) 자는 여러 가지 의미로 쓰여 왔다. 이 글자는 이미 『시경(詩經)』, 『서경(書經)』, 『역경(易經)』, 『논어』 등에서 사용되어 왔으며, 중용이라는 한 단어로 사용되기 시작한 것은 『논어』 「옹야」 편에서였다. 이들 경서 속에서 중과 중용은 '마음속의 덕', '덕행', '정치의 기본 원리' 등으로도 사용되었으며 다시 인간의 윤리와 결합되어 사상적으로 전개된 것은 『중용』에서부터였다.

　『설문해자(說文解字)』에서는 중(中)을 "치우침과 구별되는 동시에 다른 것과 알맞은 상태에 놓인 것"이라고 해석했다. 치우침과 구별된다는 것은 중 자체의 모습을 나타내는 것이고, 다른 것과 알맞은 상태에 놓인다는 것은 나와 남 혹은 나와 다른 것과의 연관성 속에서 치우침 없이 조화된 상태를 의미한다. 이것은 중용을 '지나치거나 모자람이 없으며 어느 쪽으로도 치우치지 않음'이라고 풀이하는 현대의 사전적 의미와도 상통한다.

　주희는 『중용장구(中庸章句)』에서 중용의 제목 아래 "중은 치우치지도 않고 기대지도 않으며 지나치거나 미치지 못한 것이 없는 것의 이름이고, 용은 평상적인 것을 말한다."라고 주를 달았다. 그러나 여기서 중의 의미는 고정된 상황에서의 뜻으로는 정확하게 이해되지만 변화하는 상황 속에서의 뜻으로는 부족한 감이 있다. 다시 말해 『중용』에서 말하는 중화(中和)나 시중(時中)에서의 중 개념까지 포괄하기에는 부족하다는 뜻이다. 주희는 『중용혹문(中庸或問)』에서 이것을 상세하게 설명했는데 요약해서 말하면 아래와 같다.

중(中)에는 불편불의(不偏不倚)와 무과불급(無過不及)의 두 가지 의미가 있다. 불편불의는 마음이 어느 한쪽으로 치우치지도 않고 아무것에도 기대지 않는 상태로서 희로애락의 감정이 아직 드러나지 않았을 때이다. 무과불급은 마음이 지나치지도 않고 미치지 못하지도 않는 상태로서 희로애락의 감정이 행동으로 나타나더라도 모두 그 상황에 들어맞는 것이다. 그러므로 불편불의는 마음의 가장 큰 근본 즉 본체라고 할 수 있고, 무과불급은 감정이 드러났지만 사리에 꼭 들어맞는 즉 상황에 적중한[時中] 마음의 상태라고 할 수 있다. 물론 감정이 드러나지 않았을 때는 이미 불편불의하는 본체가 실재하므로 감정이 드러나더라도 중을 얻게 되어 무과불급 상태라고 할 수 있으며, 감정이 드러났을 때는 마음이 주관하는 바가 그 일에 기울지 않을 수 없지만 무과불급하면 중을 얻게 되므로 불편불의 상태가 된다고 할 수 있다.

용(庸) 자의 뜻에 대하여 정자(程子)는 "바뀔 수 없는 것[不易]"이라 했고, 주희는 "언제나, 늘, 항상[平常]"이라고 했다. 오로지 언제나 그러하면 변할 수 없고 또 바뀔 수가 없다는 것이다. 예를 들면 세상을 놀라게 하는 일은 잠깐 동안 일어나더라도 바뀔 수 있지만, 늘 그러한 일은 바뀌지 않고 지속된다. 불역과 평상은 비록 말은 다르지만 이치는 같다. 불역은 우리가 오래 겪어 봐야 그 이치를 알 수 있고 일상에서 경험할 수 있는 평상은 곧바로 알게 되기 때문이다. 그래서 주희는 평상이 오래되면 바뀔 수 없으니 둘 다 쓸 수 있다고 말했다.

『중용』 수장(首章)에서는 "희로애락의 감정이 아직 드러나지 않았을 때를 중이라 하고 희로애락의 감정이 드러나더라도 모두 절도에 맞는 것을 화(和)라고 한다."라고 하여 먼저 중화(中和)의 뜻을 밝히고 다음 장에서 중용을 언급한다. 그런데 어째서 편명을 붙일 때 중화라고 하지 않고 중용(中庸)이라고 했을까? 그것은 중화의 중은 그 뜻이 비록 깊고 오묘하지만 중용의 중은 실제로 불편불의한 본체[體]의 의미와 무과불급한 작용[用]의 의미를 겸비하였고 또 용(庸)에는 평상의 뜻이 있으므로 중화에 비해 포괄하는 범위가 더욱 넓기 때문이다. 더욱이 글의 요지와 정교함, 조잡함, 중요함, 부차적인 것 등이 모두 잘 갖춰져 있기 때문에 편명을 중화라고 하지 않고 중용이라고 했다.

4 『중용』의 사상

『중용』은 중(中)의 개념을 이용하여 인간의 삶을 시공간적으로 확대하고 심화하고 체계화한 글이다. 『대학』이 유가의 정치철학을 말한 것이라면 『중용』은 유가의 형이상학, 인성론, 인생철학 등을 종합적으로 말한 것이라 할 수 있다. 『중용』에서는 먼저 본성의 근원을 말한 다음 본성이 밖으로 표현되는 과정과 그 결과까지 말하기 때문이다. 다시 말해 『중용』은 인성(人性)의 근원과 전개를 밝힘으로써 인간과 하늘의 관계, 인간과 인간의 관계, 인간과 사회의 관계를 밝힌 다음 다시 사람이 하늘로 돌아가는 성인(聖人)의 도를 논한다.

『중용』은 모두 33장으로 구성되어 있는데, 내용의 전개에서 보면 세 부분으로 나눌 수 있다. 첫째는 천(天), 성(性), 도(道), 중(中), 대본(大本) 등의 개념에 근거한 본성의 근원과 중용·중화 사상에 관한 설명이고, 둘째는 충(忠), 서(恕), 효(孝), 예(禮), 악(樂)과 다섯 가지 도[五達道]와 세 가지 미덕[三達德]에 의해 행해지는 도덕적 실천에 관한 설명이며, 셋째는 성(誠)을 바탕으로 한 성인(聖人)에 관한 설명이다.

첫째, 『중용』 제1장은 천인 관계와 사람의 길 즉 중용의 근본 철학을 밝힌 글이다. 중용의 철학은 사람을 하늘과 연결시키는 데서 시작한다.

사람은 하늘이 내려 준 본성을 가지고 태어났고 그것을 통해 다시 하늘로 돌아갈 수 있다. 이 사람의 본성은 하늘의 본성인 성실함[誠]과 같다. 그러므로 본성은 하늘의 본질인 동시에 우주 만물의 궁극적 원리이다. 사람은 이 본성을 따를 때 사람의 자격을 가질 수 있다. 이 점에서 본성을 따르는 것은 사람의 도리[道]이며 이 도리를 배우고 실천하는 것이 교육[敎]이다. 그래서 우리는 잠시도 이 도리를 잊어서도 안 되고 떠나서도 안 된다.

사람은 하늘이 내려 준 타고난 본성을 지킬 때 즉 본성을 따르는 도리를 지킬 때 성인이 될 수 있다. 그래서 『중용』에서는 그다음으로 중(中), 화(和), 중화(中和), 대본(大本) 등의 표현을 통해 본성을 설명한다. 사람이 그 본성을 알아야 그 길을 가고 또 그와 같아지기 위해 실천할 것이기 때문이다. 그 본성의 모양과 길을 가르치는 것이 바로 교육이다.

중은 인간 본성의 근원적 상태로서 아직 희로애락의 감정이 드러나지 않은 마음의 상태이며, 화는 그 감정이 드러나더라도 잘 조절되어 적절한 정도에 맞는 것이다. 그래서 중은 천하의 가장 큰 근본[大本]이고 기준이며, 화는 천하의 모든 사업에 두루 통하는 도리[達道]이다. 이 근본을 알고 실천을 통해 도리를 지키는 것이 중화다. 중화를 지키고 실천하면 하늘과 땅은 성실하게 각자의 일을 하게 되고 만물도 제대로 생겨나고 자라게 된다. 근본인 중은 바로 하늘의 본성이고 하늘이 내려 준 사람의 본성이기 때문이다. 그리고 항상 중을 변함없이 사용하는 것을 중용이라고 한다.

그러나 사람은 흔히 다른 사람이 보지 않는 곳이나 듣지 않는 곳에서는 자신을 속이고 다른 사람을 속인다. 이것은 바로 근본인 본성을 속이는 것이다. 그러므로 사람은 다른 사람이 보지 않는 곳에서도 본성의 도리를 거스르지 말아야 하며 자기 혼자 있을 때도 이 도리를 지켜야 한다.

둘째, 제2장부터 시작되는 도덕적 실천에 관한 부분에서 공자는 중용을 실천한 인물로 순임금, 문왕, 무왕, 주공 등을 소개했다. 이들은 충(忠), 서(恕), 효(孝), 예(禮), 악(樂)을 실천한 대표적 인물들이다. 그리고 제20장에서 공자는 통치자의 도리와 군자의 수양론을 제시한다. 그는 군자의 수양은 효의 실천에서 시작한다고 말한다. 즉 군자는 자신을 수양하려면 먼저 어버이를 섬겨야 하고, 어버이를 섬기려면 사람에 대해 알아야 하며, 사람에 대해 알고자 한다면 반드시 하늘을 알아야 한다는 것이다. 이렇게 하여 공자는 군자가 하늘과 통할 수 있는 길을 열어 놓은 다음 그것을 실현할 수 있는 현실적 방법으로 다섯 가지 도와 세 가지 미덕을 말했다. 여기서 우리는 『중용』이 『논어』의 사상과 맥을 같이함을 알 수 있다.

다섯 가지 도〔五達道〕는 세상 어디서나 항상 통하는 도이다. 그것은 군신, 부자, 부부, 형제, 벗과의 교제에서 지켜야 할 도리로서 후일 맹자의 부자유친, 군신유의, 부부유별, 장유유서, 붕우유신과 같은 의미다. 세 가지 미덕〔三達德〕은 세상 어디서나 통할 수 있는 덕으로서 지혜로움〔智〕과 어짊〔仁〕과 용맹스러움〔勇〕을 가리킨다. 이것들은 다섯 가지 도가 실행되도록 하는 힘이라 할 수 있다. 이때 이 도와 덕이 실행되도록 하는 한 가지가 바로 '성실함'이다.

셋째, 그다음은 성실함을 바탕으로 하여 도달할 수 있는 성인의 길에 관한 설명이다. 공자는 "성실함은 하늘의 도이고, 성실하려고 하는 것은 사람의 도이다. 성실함이란 애쓰지 않아도 (선에) 들어맞고 생각하지 않아도 (선을) 얻으며, 자연스럽게 도에 들어맞으니 성인의 경지이다."라고 했다. 물론 이때의 '성실함'에는 '진실'의 의미도 포함되어 있다. 그러므로 성실함은 하늘과 사람이 공유하는 같은 본성이며 최고의 가치라고 할 수 있다.

성실함은 사람이 부여받은 본성의 덕인 동시에 내면과 일상생활을 연결시키는 도리이다. 그러므로 그것은 사람이 수시로 사용할 수 있는 위대한 자산이라 할 수 있다. 그래서 공자는 성실함은 사람이 스스로 자신을 완성하는 근거가 되고, 사물이 있게 하는 근거가 된다고 하였으며 사람이 성실함을 바탕으로 스스로 자기 자신을 이루는 것을 어짊(仁)이라고 하고, 자기 이외의 것들을 이루게 하는 것을 지혜로움(智)이라고 했다.

실제로 공자는 '성실함'을 정치에 적용하여 애공에게 위정자의 자세를 말해 준다. 애공이 정치에 대해서 물었을 때 공자는 "자신을 수양하는 것, 현자를 존중하는 것, 가까운 이를 사랑하는 것, 대신을 공경하는 것, 여러 신하를 자기 몸처럼 받아들이는 것, 백성을 자식처럼 아끼는 것, 온갖 기술 가진 사람을 찾아오게 하는 것, 먼 곳의 사람들을 부드럽게 대하는 것, 그리고 제후들을 포용하는 것"이라는 아홉 가지 준칙을 말하고 그것을 실행하는 방법은 하나라고 말했다. 주희는 그 하나를 바로 '성실함'이라고 풀이했다.

한 걸음 더 나아가서 성실함은 천지자연의 세계에까지 확대 적용된다. 공자는 천하에서 지극히 성실한 사람은 자신의 본성을 모두 실현할 수 있다고 했다. 그리고 사람이 자신의 본성을 모두 실현할 수 있으면 다른 사람의 본성도 모두 실현하게 할 수 있으며, 다른 사람의 본성을 실현하게 할 수 있으면 만물의 본성도 모두 실현하게 할 수 있고, 또 만물의 본성을 모두 실현하게 할 수 있으면 그것은 곧 천지자연이 만물을 낳고 자라게 하는 일을 도와주는 것이 된다는 것이다. 이렇게 천지자연이 하는 일을 도울 수 있는 사람은 천지와 동등한 역할을 하는 것이 되며 이렇게 성실함을 바탕으로 지극한 경지에 도달한 사람을 『중용』에서는 성인이라고 부른다.

성인은 천하의 원칙과 근본을 세우고 그것을 실행함으로써 하늘과 땅이 만물을 낳고 자라게 하는 위대한 행렬에 참여하는 사람이다. 이때 성인은 치우침 없이 정성스럽게 그리고 간절한 마음으로 모든 사람에게 어짊을 베푼다. 그러나 성실함을 바탕으로 한 성인의 행위는 바로 우리 자신의 행위이기도 하다. 성인은 다만 그것을 온전히 실현하였기 때문에 그에게 공덕을 돌린 것일 뿐이다. 성인이 바라는 것은 하늘로부터 받은 본성과 그 특성인 성실함을 실천하여 사람과 만물이 평등하고 평화롭게 공존하는 세상을 만드는 것이다.

현대 사회의 최대 문제는 물신 숭배로 인한 인성의 타락과 자연환경의 파괴일 것이다. 이들 문제는 모두 성실함과 관련이 있다. 사람은 성실함을 바탕으로 도덕적이 되고 자연은 하늘의 성실함에 의해 제 모습을 갖추게 되기 때문이다. 그러므로 『중용』의 인성론과 천인합일 사상은 이러한 문제를 근원적으로 해결하는 데 일정한 역할을 할 것이며, 이것이 공자가 중용의 덕을 찬양하고 자사가 그것을 잊지 않고 후대에 전수해 준 의미일 것이다.

역자들을 대신하여

고재욱 삼가 씀

차례

중용

제1장

하늘이 명령한 것을 본성이라 하고, 그 본성을 따르는 것을 도(道)라 하며, 그 도를 닦는 것을 교(敎)라 한다.

도라는 것은 잠시도 떠날 수가 없으니, 떠날 수 있으면 도가 아니다. 그러므로 군자는 다른 사람이 보지 않는 곳에서도 경계하고 삼가며, 다른 사람이 듣지 않는 곳에서도 두려워한다.

(잘못하는 일이) 은밀한 곳에서도 나타나지 않고, 세미한 곳에서도 드러나지 않는다. 그러므로 군자는 그 홀로 있을 때를 삼간다.

기쁨·노여움·슬픔·즐거움이 아직 드러나지 않은 것을 중(中)이라 하고, 드러나더라도 모두 적절한 정도에 맞는 것을 화(和)라고 한다. 중이라는 것은 천하의 가장 큰 근본이고, 화라는 것은 천하에 두루 통하는 도리이다.

중화(中和)를 지극히 하면 하늘과 땅이 바르게 되며, 만물이 제대로 생기고 자라게 된다.

제2장

선생님께서 말씀하셨다. "군자는 중용을 하고, 소인은 중용을 어긴다. 군자의 중용은 군자다우면서 때에 맞게 하고, 소인의 중용은 소인 짓을 하면서 거리낌이 없다."

제3장

선생님께서 말씀하셨다. "중용은 지극히 아름답구나! (중용을) 오래도록 행할 수 있는 사람이 적구나!"

제4장

선생님께서 말씀하셨다. "도가 행해지지 않는 까닭을 내가 알겠다. 아는 체하는 사람은 지나쳐 버리고, 어리석은 사람은 미치지를 못한다. 도가 밝혀지지 않는 까닭을 내가 알겠다. 현명한 사람은 지나쳐 버리고, 모자란 사람은 미치지 못한다. 마시고 먹지 않는 사람이 없지만, 맛을 알 수 있는 사람은 적다."

제5장

선생님께서 말씀하셨다. "도가 행해지지 않을 것 같구나."

제6장

선생님께서 말씀하셨다. "순임금은 아마 대단히 지혜로우신 분이 아닐까? 순임금은 묻기를 좋아하시고 쉬운 말 살피기를 좋아하시며, 좋지 않은 점은 숨겨 두고 좋은 점은 드러내며, 양쪽 끝을 잘 알고 나서 그 알맞은 도리를 백성에게 쓰시니, 그가 이와 같으므로 순이라고 불리게 된 것이 아닐까!"

제7장

선생님께서 말씀하셨다. "사람들은 모두 자기가 지혜롭다 말하나, 그를 몰아다가 그물이나 덫이나 함정 속에 빠뜨려도 피할 줄 알지 못한다. 사람들은 모두 자기가 지혜롭다 말하나, 중용을 선택하더라도 한 달을 지키지 못한다."

제8장

선생님께서 말씀하셨다. "안회의 사람됨은 중용을 선택하여 선한 일을 하나라도 얻게 되면, 늘 가슴속에 간직하여 정성스럽게 지키고 그것을 잃지 않았다."

제9장

선생님께서 말씀하셨다. "천하나 나라나 집안도 고르게 다스릴 수 있고, 벼슬과 봉록도 사양할 수 있으며, 번쩍거리는 칼날도 밟을 수 있지만, 중용은 제대로 해낼 수 없다."

제10장

자로가 강함에 대하여 물으니 선생님께서 말씀하셨다. "남방에서 말하는 강함인가? 북방에서 말하는 강함인가? 아니면 네가 생각하는 강함인가? 너그럽고 부드럽게 가르치고, 무도함에 보복하지 않는 것은 남방의 강함이니, 군자가 그러한 도리로 살아간다. 무기와 갑옷을 깔고 앉거나 덮고 자면서, 죽어도 싫어하지 않는 것이 북방의 강함이니, 너와 같이 강한 사람이 그러한 도리로 살아간다. 그러므로 군자는 어울리되 시류에 휩쓸리지 않으니, 강하고도 꿋꿋함이여! 중립하여 치우치지 않으니, 강하고도 꿋꿋함이여! 나라에 도가 있을 때에는 변치 않고 충실하니, 강하고도 꿋꿋함이여! 나라에 도가 없을 때에는 죽음에 이르더라도 변치 않으니, 강하고도 꿋꿋함이여!"

제11장

선생님께서 말씀하셨다. "은둔 생활을 지향하면서 기이한 일을 하는 것을 후세에 칭송하는 사람이 있는데, 나는 그렇게는 하지 못하겠다. (오늘날) 군자는 처음에 바른길로 가다가도 중도에 그만두는데, 나는 그렇게 할 수는 없다. 군자는 중용을 따르기 때문에 설령 세상을 피해 숨어 살아서 알아주는 사람이 없어도 후회하지 않으니, 오직 성인이라야 그렇게 할 수 있다."

제12장

군자의 도리는 자기의 뜻에 맞지 않는 세상을 만나면 은둔하는 것이다. 평범한 사람으로서 어리석은 자도 좋고 나쁨을 알 수가 있지만, 그 지극한 이치에 대해서는 비록 성인이라도 알지 못하는 것이 있다. 평범한 사람으로서 그다지 지혜롭지 못한 자도 해낼 수는 있으나, 그 지극한 일에 이르러서는 비록 성인이라도 해내지 못하는 것이 있다.

천지(의 은혜)가 아무리 크더라도 사람에게는 오히려 섭섭한 일이 있다. 따라서 군자가 원대한 이상을 말하게 되면 세상 사람들이 받아들이지 못하고, 일상적인 일에 대해 말하면 세상의 어떤 사람도 깨뜨리지 못한다.

『시』에 이르기를 "솔개는 날아 하늘에 이르고, 물고기는 연못에서 뛰어논다."라고 하니, 성인의 덕이 하늘 위와 땅 아래에까지 뚜렷이 드러남을 말한다. 군자의 도리는 평범한 부부에게서 시작되나, 그 극치에 이르러서는 천지에 뚜렷이 드러난다.

제13장

선생님께서 말씀하셨다. "도는 사람에게서 멀리 있지 않으니, 사람이 도를 행하면서 사람에게서 멀어진다면 도라고 할 수 없다."

『시』에 이르기를 "도끼 자루 감을 베는구나! 도끼 자루 감을 베는구나! 그 본보기는 멀리 있지 않도다."라고 했다. 그러나 도끼 자루를 잡고 도끼 자루 감을 베면서, 자기 도끼 자루를 비스듬히 보고 있으면서도 오히려 본보기가 멀리 있다고 여긴다. 그러므로 군자는 사람의 도리로써 잘못 있는 사람을 바로잡아 주고 (그가 잘못을) 고치면 그만둔다.

자기 마음을 다하는 것〔忠〕과 자기를 미루어 다른 사람을 대하는 것〔恕〕은 도에서 멀지 않으니, 자기에게 행해지기를 원하지 않는 일은 다른 사람에게 행하지 말라.

군자의 도리에 네 가지가 있는데, 나는 그 가운데 하나도 제대로 하지 못한다. 자식에게 바라는 도리로써 부모 섬기는 일을 제대로 하지 못하고, 신하에게 바라는 도리로써 임금 섬기는 일을 제대로 하지 못하며, 동생에게 바라는 도리로써 형 섬기는 일을 제대로 하지 못하고, 친구에게 바라는 도리로써 친구에게 먼저 베푸는 일을 제대로 하지 못한다.

언제나 덕을 행하고 언제나 말을 삼간다. (그럼에도 재주와 지혜, 덕행에) 부족함이 있거든 감히 힘쓰지 않을 수 없으며, 남음이 있어도 감히 다 발휘하지 않는다. 말은 행실을 돌아보고, 행실은 말을 돌아본다. 군자가 어찌 말과 행실을 독실하게 하지 않겠는가!

제14장

군자는 자신이 처한 자리에서 자신이 해야 할 것을 실행하고, 그 자리를 벗어난 것을 바라지 않는다. 부귀한 자리에 있더라도 (교만하지 않고) 사람의 도리를 실천하고, 빈천한 자리에 있더라도 사람의 도리를 실천하며, 오랑캐의 나라에 가게 되면 오랑캐의 풍속을 따르더라도 사람의 도리를 실천하고, 환난에 처하면 환난 속에서도 사람의 도리를 실천해야 한다. (그러니) 군자는 가는 곳마다 그 도리를 잃지 않는다.

윗자리에 있으면서 아랫사람을 업신여기지 않고, 아랫자리에 있으면서 윗자리에 (연줄을 잡아) 기어오르지 않는다. 자기를 바르게 하지만 남에게 요구하지 않는다면 원망 살 일이 없을 것이다. 위로는 하늘을 원망하지 않으며, 아래로는 남을 탓하지 않는다.

그러므로 군자는 평안하게 거처하면서 천명을 따르고, 소인은 위험한 짓을 하면서 요행을 바란다.

선생님께서 말씀하셨다. "활쏘기에는 군자의 도리와 유사한 점이 있으니, 정곡을 맞히지 못하면 돌이켜 자기 자신에게서 그 원인을 찾는다."

제15장

군자의 도리는 비유하자면, 먼 곳을 가려면 반드시 가까운 곳으로부터 시작해야 하는 것과 같고, 높은 곳에 오르려면 반드시 낮은 곳으로부터 시작해야 하는 것과 같다.

『시』에 이르기를 "처자식의 정과 뜻이 잘 맞음이 금슬을 타는 것과 같구나. 형제 사이의 정과 뜻이 맞아서 화락하고 또 즐겁도다. 너의 집 안을 화목하게 하고 너의 처자식을 즐겁게 하라."라고 했다.

선생님께서 말씀하셨다. "부모가 그들을 교화하여 온순하게 한 것이 아니겠는가?"

제16장

선생님께서 말씀하셨다. "귀신의 공덕이 성대하구나. 그것을 보려 해도 보이지 않으며, 그것에 대하여 들으려 해도 들리지 않지만, 온갖 사물을 낳아 기르되 빠뜨리는 것이 없다."

천하 사람들로 하여금 몸과 마음을 깨끗하게 하고 의복을 단정히 차려입고서 제사를 받들게 한다. (이렇게 한다면) 곳곳에 충만하여 마치 그 위에 있는 듯하며 마치 그 좌우에 있는 듯하구나!

『시』에 이르기를 "신(神)이 이르는 것을 헤아릴 수 없거늘, 하물며 (제사 지내는 것을) 싫증 낼 수 있겠는가."라고 했다.

(귀신의 모습은) 깊이 감추어져 보이지 않는 것으로부터 뚜렷하게 드러나니, (그의) 진실함을 감출 수 없는 것이 이와 같구나!

제17장

선생님께서 말씀하셨다. "순임금은 효도를 지극히 다하신 것 아니겠는가? 덕행으로는 성인이시고 존귀하기로는 천자이시며 부유하기로는 천하를 가지셨고 돌아가신 뒤에는 종묘에서 제사를 받으시며 자손들이 대대로 받들어 모셨다."

그러므로 큰 덕을 지닌 이는 반드시 그에 걸맞은 자리를 얻게 될 것이고 반드시 그에 걸맞은 녹봉을 얻을 것이며, 반드시 그에 걸맞은 명성을 얻을 것이고 반드시 그에 걸맞은 수명을 누릴 것이다.

그러므로 하늘이 만물을 낳아 기름에 반드시 그 자질에 따라 도탑게 한다.

그러므로 심어서 바르게 자란 것은 번식하게 하고 기울어진 것은 쓰러지게 한다.

『시』에 이르기를 "아름답고 즐거운 군자여! 나라를 흥성하게 하는 훌륭한 덕이 있구나. 만민을 알맞게 양육하고 관료들을 잘 관리하니, 하늘로부터 복록을 받게 되는구나. 하늘이 보호하사 천자로 임명하니, 한 번 더 그에게 복을 내려 주는구나."라고 했다. 그러므로 큰 덕을 가진 이는 반드시 천명을 받게 된다.

제18장

선생님께서 말씀하셨다. "근심이 없었던 분은 오직 문왕이 아니었을까? 왕계가 그의 아버지이고 무왕이 그의 아들이니, 아버지가 (예악을) 제작하고 아들이 이를 계승하여 이루었다."

무왕은 태왕과 왕계, 문왕의 사업을 계승하여 한 번 군대를 일으켜 천하를 차지했다. 자신은 천하에 드날리는 명성을 잃지 않았고, 존귀하기로는 천자이며, 부유하기로는 천하를 모두 가졌고, 죽은 뒤에는 종묘에서 제사를 받으며 자손들이 대대로 받들어 모셨다.

무왕이 노년에 천명을 받고 주공이 문왕과 무왕의 덕을 완성하여 태왕과 왕계를 왕으로 추존했으며, 위로 선공들을 천자의 예로 제사 지냈다. 이러한 예는 아래로 제후와 대부, 그리고 사(士)와 서인에게까지 미치게 되었다. 아버지가 대부이고 자식이 사이면 장례는 대부의 예로써 하고 제사는 사의 봉록으로써 한다. 아버지가 사이고 자식이 대부이면 장례는 사의 예로써 하고 제사는 대부의 봉록으로써 한다. 1년 상복을 입는 것은 대부에까지 이르고 3년 상복을 입는 것은 천자에까지 이른다. 부모의 상은 귀천에 관계없이 모두 똑같다.

제19장

선생님께서 말씀하셨다. "무왕과 주공은 누구나 인정하는 지극한 효를 실천하신 분이 아니겠는가! 효라는 것은 선조의 좋은 뜻을 잘 계승하고 선조의 사업을 잘 잇는 것이다. 봄과 가을에는 조상의 사당을 청소하고 제기를 진열하며, 조상이 입었던 의복을 펼쳐 놓고 제철 음식을 올린다."

종묘의 예는 (신주를 놓을 때) 왼쪽과 오른쪽의 순서를 정하기 위해서이다. 제사에서 관작에 따라 순서를 정하는 것은 지위의 높낮이를 구별하기 위해서이다. 제사 음식 올리는 순서를 정하는 것은 현명함과 재능을 분별하기 위해서이다. 제사가 끝난 뒤 여럿이 술을 권할 때, 아랫사람이 윗사람에게 술잔을 올리고 여럿이 서로 술을 권하는 것은 은덕이 아랫사람에게까지 미치게 하기 위해서이다. 잔치에서 머리 빛깔을 보고 자리를 정하는 것은 나이로 순서를 정하기 위해서이다.

선조의 위패가 놓인 자리에 올라 제례를 거행하고 그에 맞는 음악을 연주하며, 그분이 존경했던 분을 공경하고 그분이 가까이하던 이를 아끼며, 죽은 이 섬기기를 산 사람 섬기듯이 하고 없는 분 섬기기를 생존해 계신 분 섬기듯이 하는 것이 효의 지극함이다.

천지에 제사 지내는 교사의 예는 상제(上帝)를 섬기기 위해서이다. 종묘의 예는 자기 선조에게 제사를 지내기 위해서이다. 천지에 제사 지내는 교사의 예와 선조에 제사 지내는 체상의 의미를 잘 알면, 나라 다스리는 일은 손바닥에 물건을 놓고 보는 것처럼 쉽지 않겠는가!

제20장

애공이 정치에 대해 물으니 선생님께서 말씀하셨다. "문왕과 무왕의 정치 방법이 문헌에 적혀 있습니다. 그런 사람이 있으면 그 정치가 행해질 수 있고, 그런 사람이 없으면 그 정치가 없어질 것입니다. 통치자의 도리는 정사에 힘쓰는 것이고, 땅의 도리는 풀과 나무가 잘 자라도록 힘쓰는 것입니다. 정치라는 것은 쉽게 자라는 갈대처럼 그 효과가 잘 드러나는 것입니다.

그러므로 정치를 하는 것은 현인을 얻는 데 달려 있습니다. 임금 자신이 몸을 닦아야 현인을 골라 뽑을 수 있으니, 도(道)로써 자신을 수양하고 어짊으로써 도를 닦아야 할 것입니다.

어짊이란 사람다움이니, 가까운 이를 사랑하는 것이 가장 중요합니다. 의로움이란 마땅함이니, 현명한 이를 존중하는 것이 가장 중요합니다. 가까운 이를 사랑함에 있어서 (상복을) 줄여 나가고 현인을 존중함에 있어서 등차를 두는 것이 예가 생기는 까닭입니다.

아래 지위에 있으면서 윗사람에게 신임을 얻지 못하면, 백성을 다스리지 못할 것입니다.

그러므로 군자는 자신을 수양하지 않을 수 없습니다. 자신을 수양하고자 생각한다면 어버이를 섬기지 않으면 안 될 것입니다. 어버이를 섬기고자 생각한다면 사람에 대하여 알지 않으면 안 될 것입니다. 사람에 대하여 알고자 생각한다면 하늘을 알지 않으면 안 될 것입니다.

천하 어디서나 항상 통하는 도가 다섯인데, 그것을 행하게 하는 것은 셋입니다. 군신과 부자와 부부와 형제와 벗과의 교제, 이 다섯 가지는 천하 어디서나 항상 통할 수 있는 도리요, 지혜로움과 어짊과 용맹스러움 세 가지는 천하 어디서나 항상 통용될 수 있는 미덕입니다. 그것들을 행할 수 있게 하는 것은 하나입니다.

어떤 이는 태어나면서부터 그것을 알고 어떤 이는 배워서 그것을 알게 되며 어떤 이는 곤경에 처해야 배워서 그것을 알게 되나, 그 앎에 이르러서는 모두 똑같습니다. 어떤 이는 편안하여 그것을 행하고 어떤 이는 이로워서 그것을 행하며 어떤 이는 억지로 그것을 행하나, 그 공을 이룸에 있어서는 모두 똑같습니다."

선생님께서 말씀하셨다. "배우기를 좋아하면 지혜로움에 가까워지고, 힘써 좋은 일을 실천하면 어짊에 가까워지며, 부끄러움을 알면 용맹스러움에 가까워진다. 이 세 가지를 알면 어떻게 자신을 수양해야 할지를 알게 된다. 어떻게 자신을 수양해야 하는지 알게 되면 어떻게 사람을 다스리는지 알게 될 것이고, 어떻게 사람을 다스리는지 알게 되면 어떻게 천하 국가를 다스릴지 알게 될 것이다."

천하 국가를 다스리는 데는 아홉 가지 준칙이 있다. 말하자면 자신을 수양하는 것, 현자를 존중하는 것, 가까운 이를 사랑하는 것, 대신을 공경하는 것, 여러 신하를 자기 몸처럼 받아들이는 것, 백성을 자식처럼 아끼는 것, 온갖 기술 가진 사람을 찾아오게 하는 것, 먼 곳의 사람들을 부드럽게 대하는 것, 그리고 제후들을 포용하는 것이다.

자신을 수양하면 도가 확립되고 현자를 존중하면 미혹되지 않으며, 가까운 이를 사랑하면 백부와 숙부 그리고 형제들이 원망하지 않고, 대신을 공경하면 (대신들의) 일 처리가 분명하게 되며, 여러 신하를 자기 자신처럼 여긴다면 선비들의 보답하는 예가 더욱 정중하게 되고, 백성을 자식처럼 아끼면 백성이 서로 격려하고 충성하며, 온갖 기술을 가진 사람들을 찾아오게 하면 재정이 풍족하게 되고, 먼 곳의 사람들을 잘 대해 주면 사방의 사람들이 찾아오게 되며, 제후들을 포용하면 천하 사람들이 그를 두려워할 것이다.

재계하여 몸과 마음을 깨끗이 하고 의관을 단정히 차려입고서, 예가 아니면 움직이지 않는 것이 자신을 수양하는 방법이다. 남 헐뜯는 말을 하지 않고 여색을 멀리하며, 재물을 중시하지 않고 덕을 귀히 여기는 것이 현자를 격려하고 고무하는 방법이다. 지위를 높여 주고 봉급을 후하게 주며, 그가 좋아하는 것을 좋아하고 그가 싫어하는 것을 싫어하는 것이 가까운 이를 사랑하는 것을 장려하는 방법이다. 휘하에 관리들을 충분히 두고 (일을) 맡길 수 있도록 하는 것이 대신을 권면하는 방법이다. 충직하고 신의 있는 이에게 봉급을 후하게 주는 것은 선비를 격려하고 고무하는 방법이다. 때에 맞게 일 시키고 세금을 적게 거두는 것은 백성을 격려하고 고무하는 방법이다. 날마다 살피고 달마다 심사하여 그가 한 일에 상응하는 보수를 주는 것이 온갖 기술자를 격려하고 고무하는 방법이다. 떠나는 이를 전송하고 오는 이를 맞이하며 잘하는 이를 칭찬하고 능력 없는 사람을 불쌍히 여기는 것은 먼 곳에 있는 사람들을 잘 대해 주는 방법이다. 끊어진 제후의 세대를 이어 주고 폐망한 제후의 나라를 다시 일으켜 주며, 혼란한 나라를 안정되게 하고 위태로운 나라를 부축해 주며, 때에 맞게 조회하고 빙문하며, 제후에게 보내는 예물은 후하게 하고 받아들이는 공물을 적게 하는 것은 제후들을 포용하는 방법이다.

일반적으로 천하와 국가를 다스리는 데에는 아홉 가지 준칙이 있는데, 그것을 실행하게 하는 방법은 하나이다. 일은 미리 생각해 두면 이루어지고 미리 생각하지 않으면 망치게 된다. 말하기 전에 미리 생각해 두면 막힘없이 유창하고, 일하기 전에 미리 생각해 두면 일하기가 곤란하지 않으며, 실행하기 전에 미리 생각해 두면 후회하지 않게 되고, 인간의 도리를 실천하는 방법이 미리 준비되면 막히는 일이 없을 것이다.

아랫자리에 있으면서 윗사람의 신임을 얻지 못하면 백성을 다스릴 수 없다. 윗사람의 신임을 얻는 데 방법이 있으니, 벗에게 미덥지 않으면 윗사람에게 신임을 얻을 수 없다. 벗에게 믿음을 얻는 방법이 있으니, 자기 어버이의 뜻에 순조롭게 따르지 않으면 벗에게 믿음을 얻지 못한다. 어버이의 뜻에 순조롭게 따르는 방법이 있으니, 자기 자신을 돌이켜 보아 성실하지 않으면 어버이의 뜻에 순조롭게 따르지 못한다. 자기 자신을 성실하게 하는 방법이 있으니, 선행이 무엇인지 알지 못하면 자기 자신을 성실하게 하지 못할 것이다.

성실함은 하늘의 도이고, 성실하려고 하는 것은 사람의 도이다. 성실함이란 애쓰지 않아도 (선에) 들어맞고 생각하지 않아도 (선을) 얻으며, 자연스럽게 도에 들어맞으니 성인의 경지이다. 성실하려고 하는 것이란 선을 선택하여 굳게 지켜 나가는 것이다.

(성실해지려고 하는 사람은) 널리 배우고 자세히 캐물으며, 신중하게 생각하고 분명하게 분별하며, 도탑게 실행한다.

배우지 않으면 모를까 배우는데도 제대로 하지 못하면 그만두지 않는다. 묻지 않으면 모를까 묻는데도 알지 못하면 그만두지 않는다. 생각하지 않으면 모를까 생각하는데도 터득하지 못하면 그만두지 않는다. 분별하지 않으면 모를까 분별하는데도 분명하지 않으면 그만두지 않는다. 실행하지 않으면 모를까 실행하는데도 도탑게 하지 못하면 그만두지 않는다. 다른 사람이 한 번에 제대로 한다 하더라도 나는 (한 번에 안 되면) 백 번이라도 하고, 다른 사람이 열 번에 제대로 한다 하더라도 나는 (열 번에 안 되면) 천 번이라도 한다. 진실로 이러한 방법대로 실행할 수 있다면, 비록 어리석을지라도 반드시 밝아지고 비록 유약할지라도 반드시 강해질 것이다.

제21장

성실함으로부터 밝아지는 것을 본성이라 하고, (선에) 밝음으로 말미암아 성실하게 되는 것을 가르침이라 한다. 성실하니 밝고, (선에) 밝으면 성실해진다.

제22장

오직 천하에 지극히 성실한 사람이라야 그의 본성을 모두 실현할 수 있다. 그의 본성을 모두 실현할 수 있으면, 다른 사람의 본성을 모두 실현하게 할 수 있다. 다른 사람의 본성을 모두 실현하게 할 수 있으면, 만물의 본성을 모두 실현하게 할 수 있다. 만물의 본성을 모두 실현하게 할 수 있으면, 천지의 화육을 도울 수 있다. 천지의 화육을 도울 수 있으면, 천지와 함께 셋이 될 수 있다.

제23장

그다음은 소소한 일을 극진히 하는데, 소소한 일을 하는 데에도 성실함이 있을 수 있다. 성실하면 (그 공적이) 드러나고 드러나면 뚜렷해지며, 뚜렷해지면 빛나게 되고 빛나게 되면 사람의 마음을 감동시키며, 사람의 마음을 감동시키면 악한 마음이 점차 변하게 되고 변화하여 오래되면 선한 사람으로 완전히 바뀐다. 오직 천하에 지극히 성실한 사람이라야 변화시킬 수 있다.

제24장

지극히 성실하게 되면 미리 (앞일을) 알 수 있다. 국가가 흥성하려고 할 때는 반드시 상서로운 조짐이 있고, 국가가 망하려고 할 때는 반드시 재앙의 조짐이 있다. (이것이) 시초점과 거북점에 나타나는데 괘의 조짐으로 거북의 사지에서 드러난다. 화나 복이 오려고 할 때, 복도 반드시 먼저 알고 화도 반드시 먼저 안다. 그러므로 지극히 성실함은 귀신처럼 신묘하다.

제25장

성실함이란 (사람이) 스스로 (자신을) 완성하는 근거이고, 도는 (사람이) 스스로 가야 할 길이다.

성실함이란 사물의 시작과 끝이니, 성실하지 않으면 어떤 사물도 없다. 그러므로 군자는 성실하려 하는 것을 귀하게 여긴다.

성실함이란 스스로 자기 자신을 이루는 데 그치는 것이 아니라, 자기 이외의 것들도 이루게 한다. 자기 자신을 이루는 것은 어짊이요, 자기 이외의 것들을 이루게 하는 것은 지혜로움이다. (이는 자신이 부여받은) 본성의 덕이요, 안과 밖을 합하는 도리이다. 그러므로 수시로 사용해도 모두 마땅하다.

제26장

그러므로 지극히 성실함은 쉼이 없다. 쉬지 않으니 오래가고, 오래가니 효험이 있다. 효험이 있으니 유원(悠遠)하고, 유원하니 넓고 두터워진다. 넓고 두터우니 높고 밝아진다.

넓고 두터움으로 만물을 떠받치고, 높고 밝음으로 만물을 감싸 안아주며, 유구함으로 만물을 이룬다. 넓고 두터움은 땅에 어울리고 높고 밝음은 하늘에 어울려서 유구하고 무궁하다.

이와 같은 것은 드러내지 않아도 뚜렷이 드러나고 움직이지 않아도 변화하며 인위적이지 않아도 이루어지니, 천지의 도는 지극히 성실함이란 말로 다할 수 있다.

그 물건 됨은 둘이 아닌 하나로서 지극히 성실함일 뿐이니, 그것이 사물을 생성하는 것을 헤아릴 수 없다.

천지의 도는 넓고 두터우며, 높고 밝으며, 유원하고 장구하다.

이제 저 하늘은 이처럼 작은 빛이 많이 모인 것이니, 그것이 무궁하게 되면 해와 달과 별들이 거기에 매이고 만물이 그에 의해 덮인다. 이제 저 땅은 한 줌 흙이 많이 모인 것이니, 그것이 넓고 두텁게 쌓이면 높고 큰 산을 싣고서도 무거워하지 않고 온갖 강과 바다를 거둬들이고서도 새 나가지 않게 하여 만물이 거기에 실린다. 이제 저 산은 주먹만 한 돌이 많이 모인 것이니, 그것이 넓고 크게 쌓이면 풀과 나무가 거기에서 자라며 새와 짐승이 거기에서 살고 온갖 보배로운 자원이 거기에서 생겨난다. 이제 저 물은 한 국자의 물이 많이 모인 것이니, 그것이 헤아릴 수 없을 만큼 큰 물이 되면 큰 자라와 악어, 교룡과 용, 물고기와 자라가 거기에서 자라며 갖가지 재화가 거기에서 번식하게 된다.

『시』에 이르기를 "아아, 하늘의 명이여! 오오, 그침이 없구나!"라고 했으니, 이는 하늘이 하늘 되는 까닭을 말한 것이다. "아아, 밝고도 환하지 않은가! 문왕의 덕의 순일함이여!"라고 했으니, 이는 문왕이 문왕 되는 까닭으로, 순일함이 또한 그침 없다는 것이다.

제27장

위대하구나, 성인의 도는 곳곳에 충만하여 만물을 발육시키니, 지극히 높기가 하늘에 이르는구나!

여유롭게 드넓구나, 예의가 300가지요 위의가 3000가지니, 그 사람을 만난 다음에야 시행될 것이다. 그러므로 진실로 지극한 덕을 지닌 사람이 아니라면 지극한 도가 이루어지지 않는다고 말한다.

그러므로 군자는 덕성을 받들면서도 묻고 배움에서 말미암으니, 광대함에 이르면서도 정밀하고 미세한 것을 다하고, 높고 밝음을 극진히 하면서도 중용에 통하며, 옛것을 익혀서 새로운 일을 알고 돈후함으로 예를 존숭한다.

이런 까닭에 높은 자리에 앉아도 교만하지 않고 아랫사람이 되어도 어지럽히지 않는다. 나라에 도가 있을 때 그의 말은 자신을 일으킬 수 있고, 나라에 도가 없을 때는 그의 침묵이 받아들여질 수 있다.

『시』에 이르기를 "밝고도 지혜로워서 그 자신을 보전하리라."라고 하니, 이것을 일컫는 것이 아닐까?

제28장

선생님께서 말씀하셨다. "어리석은데도 자기만 옳다고 여기고 지위가 낮은데도 제멋대로 하며 지금 세상에 살면서 옛 방식만을 고집한다면, 이와 같이 하는 사람은 재앙이 그의 몸에 미칠 것이다.

천자가 아니면 예법을 논의하지 못하고, 법도를 제정하지 못하며, 문자를 고찰하여 정하지 못한다.

오늘날 천하의 수레는 바퀴의 폭을 같이하고, 글은 문자를 같이하며, 행실은 규범을 같이한다.

비록 천자의 지위를 가졌을지라도, 진실로 그에 어울리는 덕이 없으면 감히 예악 제도를 제작하지 못한다. 비록 성인의 덕을 가졌을지라도, 진실로 천자의 지위를 갖지 못하면 감히 예악 제도를 제작하지 못할 것이다."

선생님께서 말씀하셨다. "내가 하나라의 예(禮)를 말해도 (하나라의 후예인) 기나라가 (그것을) 증명할 수 없다. 나는 은나라의 예를 배웠는데 (은나라의 후예인) 송나라가 그것을 보존하고 있다. 나는 주나라의 예를 배웠는데 지금 이것을 쓰고 있으니, 나는 주나라를 따르겠다."

제29장

천하를 다스리는 이에게는 존중해야 할 일이 세 가지가 있으니, 그렇게 한다면 아마 과오를 줄일 수 있지 않을까!

임금이 비록 선행을 해도 분명한 증거가 없다면 신하들이 믿지 않을 것이고, 신하들이 믿지 않으면 백성들이 따르지 않을 것이다. 신하가 비록 선행을 해도 임금을 존경하지 않는다면 아랫사람에게 신임을 받지 못할 것이고, 신임을 받지 못하면 백성들이 따르지 않을 것이다.

그러므로 군자의 도는 자신으로부터 시작하여 백성에게서 입증되도록 하고, 하은주 삼대의 왕에게 상고(詳考)해 보아도 틀리지 않으며, 천지 사이에 세워 보아도 어긋나지 않고, 귀신에게 물어보아도 의혹이 없으며, 오래 뒤의 후세 성인을 기다려 보아도 의혹이 없어야 할 것이다. "귀신에게 물어보아도 의혹이 없다."라는 것은 하늘의 도를 아는 것이다. "오래 뒤의 후세 성인을 기다려 보아도 의혹이 없다."라는 것은 사람의 도를 아는 것이다.

그러므로 군자가 거동하면 대대로 천하 사람들의 법도가 되고, 실행하면 대대로 천하 사람들의 본보기가 되며, 말하면 대대로 천하 사람들에게 표준이 될 것이다. 그에게서 멀리 있으면 몹시 그리워하고, 가까이 있으면 매우 사랑하게 된다.

『시』에 이르기를 "거기에서도 미워하는 이가 없고 여기에서도 싫어하는 사람이 없으니, 거의 매일 이른 아침부터 밤늦게까지 (최선을 다해서) 오래도록 아름다운 명성을 다하리로다."라고 했다. 군자가 이렇게 하지 않고서 일찍이 천하에 명성을 떨친 이가 없었다.

제30장

공자는 요임금과 순임금의 도를 시원으로 삼아 계승하고 문왕과 무왕의 덕을 본보기로 삼아 밝혔으며, 위로는 하늘의 운행을 본받고 아래로는 자연의 형세에 따랐다.

비유하자면 천지가 만물을 다 실어 주고 다 감싸 덮어 주는 것과 같다. 비유하자면 사계절이 번갈아 돌며 해와 달이 번갈아 비추어 주는 것과 같다. 만물이 함께 길러지지만 서로 해치지 않고 (갖가지) 도가 함께 행해지더라도 서로 어그러지지 않는다. 작은 덕은 시내처럼 흐르고 큰 덕은 돈후하게 화육하니, 이것이 천지가 위대한 까닭이다.

제31장

오직 천하의 지극한 성인이어야 할 수 있다. (성인의) 총명과 예지는 (천하 사람들을) 가깝게 대할 수 있다. 관대함과 온유함은 (사람들을) 포용할 수 있다. 강직함과 굳건함은 (일들을) 결단할 수 있다. 장중함과 단정함은 (천하 사람들의) 존경을 받을 수 있다. 조리 있고 면밀함은 (사리를) 분별할 수 있다.

(성인의 은택이) 널리 미치고 광대하며 심원하여 때에 맞추어 정치 교화로 표현된다.

"(성인의 은택이) 널리 미치고 광대한 것"은 하늘과 같고 "심원한 것"은 깊은 연못과 같아서, (성인이 자신을) 드러내면 사람들이 공경하지 않음이 없고, 말하면 사람들이 믿지 않음이 없으며, 실행하면 사람들이 기뻐하지 않음이 없다. 이 때문에 명성이 나라 안에 가득 차 넘쳐서 나라 밖 이민족에게까지 미치며, 배와 수레가 이르는 곳과 사람의 힘이 통하는 곳, 하늘이 덮어 주는 것과 땅이 실어 주는 것, 해와 달이 비추는 곳과 서리와 이슬이 내리는 곳에 무릇 혈기가 있는 것들이 존경하고 친애하지 않음이 없다. 그러므로 "하늘과 짝이 된다."라고 말한다.

제32장

오직 천하에서 지극히 성실한 사람이라야 천하의 커다란 원칙을 경륜할 수 있고, 천하의 커다란 근본을 세울 수 있으며, 천지가 만물을 화육함을 알 수 있다.

(그에게) 어찌 치우침이 있겠는가. 그는 정성스럽고 간절하게 어짊을 베풀 수 있다. 깊고 깊음은 연못과 같고, 넓고 넓음은 하늘과 같다.

진실로 총명하고 성스러우며 지혜로워서 하늘의 덕을 잘 아는 이가 아니라면, 그 누가 지극히 성실한 사람을 알 수 있겠는가?

제33장

『시』에 이르기를 "비단옷을 입고 그 위에 겉옷을 걸쳤구나!"라고 했으니, 그 비단옷의 무늬가 드러나는 것을 싫어한 것이다. 그러므로 군자의 도는 어두운 것 같지만 날로 드러나고, 소인의 도는 뚜렷하게 드러나지만 나날이 사라진다.

군자의 도는 담박하지만 싫증 나지 않고 간결하면서도 문채가 나며 온화하면서도 사리가 분명하다. 그러므로 먼 것이 가까운 것에서 말미암음을 알고 바람이 시작되는 곳을 알며 은미한 것이 드러남을 안다면, 덕에 들어갈 수 있을 것이다.

『시』에 이르기를 "(물고기가) 비록 잠기어 숨어 있더라도, 또한 매우 분명하게 보이는구나."라고 했다. 그러므로 군자는 안으로 자신을 돌아보아 허물이 없다면 (비록 때를 만나지 못하더라도) 그 뜻을 꺾지 않는다.

(사람들이) 군자에게 미칠 수 없는 것은 아마 다른 사람이 보지 못하는 데에 있지 않을까? 『시』에 이르기를 "너의 집에 있을 때에도 너 자신을 항상 살펴보아야 할 것이니, 옥루(屋漏)에서 보는 이가 없다고 부끄러운 일을 하지 말지어다."라고 했다.

그러므로 군자는 행동하지 않더라도 존경을 받고 말을 하지 않더라도 신임을 얻을 것이다. 『시』에 이르기를 "종묘에서 장엄한 음악을 연주할 때 사람들이 말없이 숙연하니, (이는) 그때에 다투는 일이 없기 때문이다."라고 했다.

그러므로 군자가 상을 내리지 않아도 백성들이 권면하고, 화내지 않아도 백성들이 작두와 도끼보다도 무서워한다. 『시』에 이르기를 "드러나지 않겠는가, 덕행에 힘씀이여! 모든 제후들이 본받는구나."라고 했다.

그러므로 군자가 공손함을 도탑게 하여 천하가 태평하다. 『시』에 이르기를 "나는 밝은 덕을 지닌 사람에게 돌아가니, 그가 큰 소리를 내면서 낯빛을 무섭게 하기 때문이 아니다."라고 했다.

선생님께서 말씀하셨다. "소리 지르고 낯빛을 붉히는 것은 백성들을 교화하는 데 가장 좋지 않은 방법이다. 『시』에 이르기를 '덕은 털처럼 가볍다.'라고 했으나, 털은 가볍기는 하지만 그래도 (무게를) 비교할 것이

있다. '하늘이 하는 일은 소리도 없고 냄새도 없다.'라고 하니, 그것이야
말로 가장 높은 경지이다."

해설

제1장

天命之謂性, 率性之謂道, 脩道之謂敎.

하늘이 명령한 것을 본성이라 하고, 그 본성을 따르는 것을 도(道)라 하며, 그 도를 닦는 것을 교(敎)라 한다.

天命(천명) 정현에 따르면, 천명은 하늘이 명하여 사람을 낳고 자라게 하는 것이다. 이것을 성명(性命)이라 한다고 했다. 주희는 명은 '명령하다'라는 뜻으로 령(令)과 같다고 했다.

性(성) 정현은 『효경』을 인용해 "성이란 생(生)의 바탕이 되는 성향으로서 사람들이 품수한 바의 분수[度]"라고 했다. 주희에 따르면, 성은 곧 이(理)이다. 하늘이 음양오행으로써 만물을 화생(化生)하게 하는데 기(氣)로써 형체를 이루고 이 또한 부여하니, 명령과 같다. 이에 사람과 사물이 생겨남이 각기 부여되는 리를 얻음으로 인하여 건순오상(健順五常)의 덕을 삼으니, 이른바 성이다.

道(도) 정현과 주희 모두 길과 같다고 했다. 공영달(孔穎達)에 따르면, "도라는 것은 사물에 두루 통한다는 말이다. 성(性)이 감동(感動)한 바에 따라서 행위로 하여금 어기거나 넘어서지 않게 하는 것을 말한다. 인(仁)에 감동하면 인을 행하고 의(義)에 감동하면 의를 하는 것과 같은 것으로 그의 떳떳함[常]을 잃지 않는 것이다." 주희는 사람과 사물이 각자 성(性)의 자연스러움에 따르면 날마다 겪는 일들 사이에 마땅히 행해야 할 길이 있으니, 이것을 곧 도라 이른다고 했다.

脩道之謂敎(수도지위교) 정현은 "수(修)는 다스린다는 뜻이니, 다스려서 넓히면 사람들이 그것을 본받는데 이를 교(敎)라 한다."라고 풀이했다. 공영달은 "인군(人君, 임금)이 위에서 닦아 행하여 아랫사람을 가르치니, 이것이 수도지위교이다."라고 풀이했다. 주희에 따르면, 수는 등급에 따라 구별하는 것이다. 성과 도가 비록 같으나, 품수 받은 기질(氣質)이 간혹 다르기 때문에 지나치거나 모자라는 차이가 없을 수 없다. 성인이 사람과 사물이 마땅히 행해야 할 바에 의거하여 등급에 따라 구별함으로써 천하 사람들이 본받을 것으로 삼으니 이를 일러 교라 하는데, 예악 형정(禮樂刑政)과 같은 것이 그것이다.

道也者, 不可須臾離也, 可離非道也. 是故君子戒愼乎其所不睹, 恐懼乎其所不聞.

도라는 것은 잠시도 떠날 수가 없으니, 떠날 수 있으면 도가 아니다. 그러므로 군자는 다른 사람이 보지 않는 곳에서도 경계하고 삼가며, 다른 사람이 듣지 않는 곳에서도 두려워한다.

道(도) 정현에 따르면, 도로(道路)와 같으니 출입과 동작이 모두 이로 말미암는다는 것이다. 주희에 따르면, 일상생활의 모든 사물이 마땅히 실행해야 하는 이치이며, 모두 성(性)의 덕(德)으로 심(心)에 구비되어 있다. 이것은 어떤 사물도 없을 수 없고, 어떤 때도 없을 수 없다.

離(리) 떨어지다, 떠나다의 뜻이다.

戒愼(계신), 恐懼(공구) 주희에 따르면, 외경(畏敬)하는 것이다.

莫見乎隱, 莫顯乎微, 故君子愼其獨也.

(잘못하는 일이) 은밀한 곳에서도 나타나지 않고, 세미한 곳에서도 드러나지 않는다. 그러므로 군자는 그 홀로 있을 때를 삼간다.

戒愼恐懼(계신공구), 愼獨(신독) 계신공구와 신독은 잠시라도 도에서 떠나지 않으려는 수양 공부이다. 계신공구가 희로애락이 아직 드러나지 않았을 때(未發)의 함양(涵養) 공부라면, 신독은 이미 드러났을 때(已發) 그 기미를 살피는 성찰(省察) 공부이다. 함양은 존양(存養)이라고도 한다. 존양이 고요할(靜) 때 공경심을 잃지 않으려는 것이라면, 성찰은 움직일(動) 때 공경심을 잃지 않으려는 것이다. 그런 측면에서 보면, 계신공구나 신독은 항상 도를 외경하는 것이다. 공구가 외(畏)하는 것이라면, 계신은 경(敬)하는 것이다.

해설 정현에 따르면, 신독이라는 것은 한가하게 있을 때 하는 바를 삼가는 것이다. 소인은 은미한 곳에서 자신의 말과 행동을 아무도 보지도 못하고 듣지도 못한다고 생각하면, 반드시 마음껏 자기 감정을 드러낼 것이다. 만약에 보거나 듣는 사람이 있게 되면 많은 사람 중에서 하는 것보다 더 심하게 나타나고 드러난다고 한다. 공공연한 데에서는, 많은 사람 속에서는 오히려 두려운 줄 알지만, 은미한 곳에 이르러서 다른 사람들이 보지 않는다고 여기면 곧 자기의 감정대로 다 한다. 사람들이 모두 보고 듣고 자세히 살피면, 그의 죄상이 많은 사람에게 분명하게 드러난다. 그래서 이와 같이 항상 두려워한다면, 잘못하는 일이 은밀한 곳에서 나타나지 않고 세미한 곳에서 드러나지 않는다. 은미한 곳에서 죄악이 뚜렷이 드러날까 두려워하므로, 군자는 혼자 있을 때를 삼간다. 혼자 있을지라도 이 도를 삼가 지킬 수 있다는 것을 말한다. 주희에 따르면, 은(隱)은 어두운 곳이며, 미(微)는 작은 일이다. 독(獨)은 남이 모르는 곳이로되 자기만이 홀로 아는 곳이다. 그윽하고 어두운 속에서 세미한 일은 그 흔적이 비록 나타나지 않지만 기미(幾微)는 이미 작동하기 때문에 다른 사람은 모를지라도 자기만은 알게 된다. 그렇다면 천하의 일은 이보다 뚜렷이 드러나 보이는 일이 없고 밝게 나타남이 이보다 더함이 없을 것이다. 그러므로 군자는 이미 항상 삼가고 두려워할 뿐 아니라 은미한 곳에서 더욱더 조심한다. 인욕이 싹트려 할 적에 그것을 막고 암암리에 자라지 않게 하여, 도에서 멀리 떨어지지 않도록 한다. 그래서 주희에 따르면, "은밀한 곳에서보다 더 나타남이 없으며, 세미한 곳에서보다 더 드러남이 없으니"로 해석된다.

『대학』에서는 "소인은 일 없이 홀로 있을 때 좋지 않은 일을 함에 못하는 일이 없다. 그런데 군자를 본 뒤에 계면쩍어하면서 자신의 좋지 않은 점을 숨기고, 자기의 좋은 점을 드러내려 한다. 남이 자기 보기를 마치 그 마음속을 꿰뚫어 보듯이 하니, 그렇다면 (숨기는 것이) 무슨 보탬이 되겠는가? 이를 일러 마음속에 성실함이 가득하면 몸 밖으로 나타난다고 한다. 그러므로 군자는 반드시 그 자신이 홀로 있을 때 삼가야 한다.〔小人閒居爲不善, 無所不至, 見君子而后厭然, 揜其不善, 而著其善. 人之視己, 如見其肺肝, 然則何益矣? 此謂誠於中形於外, 故君子必愼其獨也.〕"라고 했다.

본문은 정현의 해석을 따른 것인데, 우리는 주희의 번역에 익숙하다. 주희의 주장대로 은미한 곳에서도 분명하게 드러난다면, 당연히 삼가야 할 것이다. 그러나 군자는 잘 드러나지 않더라도 삼가야 한다는 것이 정현의 주장이다.

喜怒哀樂之未發謂之中, 發而皆中節謂之和. 中也者, 天下之大本也. 和也者, 天下之達道也.

기쁨·노여움·슬픔·즐거움이 아직 드러나지 않은 것을 중(中)이라 하고, 드러나더라도 모두 적절한 정도에 맞는 것을 화(和)라고 한다. 중이라는 것은 천하의 가장 큰 근본이요, 화라는 것은 천하에 두루 통하는 도리이다.

未發謂之中(미발위지중) 공영달에 따르면, 마음은 움직이지 않을 수 없어서 외부의 사태로 말미암아 희로애락의 감정이 생긴다. 그것이 드러나지 않은 때에는 담연허정(澹然虛靜)하여 마음에 사려하는 바가 없기에 이치에 맞으므로, 그것을 중이라 한다. 주희에 따르면, 희로애락은 정(情)이다. 그것으로 드러나지 않은 때에는 성(性)이다. 치우쳐 기울지 아니하므로 그것을 중이라 한다. 정약용에 따르면, 미발의 상태는 공영달이 말한 것처럼 사려하는 바가 없는 상태가 아니라, 오히려 마음의 지각과 사려[心知思慮]가 원활하게 작동하는 상태이다.

發而皆中節謂之和(발이개중절위지화) 공영달에 따르면, (마음이) 고요히 있을 수 없어서 희로애락의 감정이 생기는데, 비록 (마음이) 다시 움직여 드러나더라도 모두 절도에 맞는 것이다. 마치 짠 소금과 신 매실이 서로 어우러지는 것처럼, 성품과 행실이 조화하니 그것을 화라 한다. 주희에 따르면, 드러나더라도 모두 적절한 정도에 맞는다는 것은 정(情)의 올바름이니 어그러지는 바가 없기 때문에 화이다.

大本(대본) 정현에 따르면, 중이 대본이라는 것은 그것이 희로애락을 포함하여 예가 그로부터 생겨나고 정치 교화가 이로부터 나오기 때문이다. 공영달에 따르면, 감정과 욕망이 아직 나타나지 않을 때에는 인성 최초의 본바탕이므로 천하의 대본이라 한다. 주희에 따르면, 대본이라는 것은 하늘이 부여해 준 본성과 천하의 이치가 모두 이로부터 나오니 도의 본체이다.

達道(달도) 공영달에 따르면, 감정과 욕망이 비록 드러나더라도 화합할 수 있고, 도리가 통달하여 유행할 수 있으므로 천하의 달도라고 한다. 주희에 따르면, 달도라는 것은 본성에 따름을 일컫는 것으로, 언제 어디서나 모든 사람이 함께 따르는 것이니 도의 작용이다.

致中和, 天地位焉, 萬物育焉.

중화(中和)를 지극히 하면 하늘과 땅이 바르게 되며, 만물이 제대로 생기고 자라게 된다.

致(치) 정현에 따르면, 행실이 지극한 것이다. 주희에 따르면, 미루어 끝까지 다하는 것이다.

位(위) 정현에 따르면, 바르다는 뜻이다. 주희에 따르면, 제자리에 놓이는 것을 말한다.

育(육) 정현에 따르면, 낳고 기르는 것이다. 주희에 따르면, 만물이 각각의 생의를 실현하는 것이다.

해설 공영달은 이 문장을 다음과 같은 의미로 풀이했다. 인군(人君)이 중화를 지극히 하여 음양이 어그러지지 않게 한다면, 천지가 바른 자리를 얻고 제대로 생성되고 만물이 잘 길러질 수 있다.

주희는 여기까지를 1장이라 했다.

제2장

仲尼曰: "君子中庸, 小人反中庸. 君子之中庸也, 君子而時中. 小人之中庸也, 小人而無忌憚也."

선생님께서 말씀하셨다. "군자는 중용을 하고, 소인은 중용을 어긴다. 군자의

중용은 군자다우면서 때에 맞게 하고, 소인의 중용은 소인 짓을 하면서 거리낌이 없다."

中庸(중용), 反中庸(반중용) 정현에 따르면, 용(庸)은 떳떳함이고, 중(中) 쓰는 것을 떳떳함으로 삼는 것이 도(道)이다. 반중용이라는 것은 행하는 바가 중용이 아닌데 스스로는 중용이라고 여기는 것을 말한다. 주희에 따르면, 중용이라는 것은 치우치지도, 기울지도 않고 지나치거나 모자람이 없어서 평범하고 떳떳한 이치이다. 이는 곧 하늘의 명령으로 마땅히 그렇게 해야 할 것이고, 정밀하고 미세한 기미의 극치이다. 오직 군자만이 그것을 체현할 수 있고, 소인은 이를 어긴다. 그러므로 소인의 중용은 객관적 입장이 아닌 그 스스로가 생각하는 중용을 뜻한다.

君子而時中(군자이시중) 유월(俞樾)은 『군경평의(群經平議)』에서 이(而)를 능(能)으로 해석했다. 이에 따르면, 군자는 때에 맞게 할 수 있다는 뜻이다.

時中(시중) 때(시간, 장소, 지위)에 알맞게 하는 것이다.

小人之中庸也(소인지중용야) 객관적인 입장이 아닌, 소인이 스스로 생각하는 중용을 말한다. 왕숙본(王肅本)에는 "소인지반중용야(小人之反中庸也)"로 되어 있다. 송 대의 정이와 주희는 이를 따랐다.

해설 주희는 여기까지를 2장이라 했다.

제3장
子曰: "中庸其至矣乎! 民鮮能久矣."

선생님께서 말씀하셨다. "중용은 지극히 아름답구나! (중용을) 오래도록 행할 수 있는 사람이 적구나!"

至(지) 정현은 지극히 아름답다(至美)고 풀이했다.

鮮(선) 적다는 뜻이다.

民鮮能久矣(민선능구의) 공영달은 "오래도록 행할 수 있는 사람이 적다."라고 해석했다. 주희는 "백성들이 (중용을) 일으켜 세워 실행하지 않으므로, 행할 수 없게 됨이 오늘날 이미 오래되었다. 『논어』에는 능(能)자가 없다."라고 설명했다.

해설 정현은 어떤 판본에는 "중용지위덕, 기지의호(中庸之爲德, 其至矣乎.)"라 되어 있다 했다. 또한 『논어』 「옹야」 편에는 "중용의 덕은 지극하구나! 이 덕을 실행할 수 있는 백성이 드문 지 오래되었다.(中庸之爲德也, 其至矣乎, 民鮮久矣.)"라 한 글이 보인다.

주희는 여기까지를 3장이라 했다.

제4장

子曰: "道之不行也, 我知之矣. 知者過之, 愚者不及也. 道之不明也, 我知之矣. 賢者過之, 不肖者不及也. 人莫不飮食也, 鮮能知味也."

선생님께서 말씀하셨다. "도가 행해지지 않는 까닭을 내가 알겠다. 아는 체하는 사람은 지나쳐 버리고, 어리석은 사람은 미치지를 못한다. 도가 밝혀지지 않는 까닭을 내가 알겠다. 현명한 사람은 지나쳐 버리고, 모자란 사람은 미치지 못한다. 마시고 먹지 않는 사람이 없지만, 맛을 알 수 있는 사람은 적다."

知者過之, 愚者不及也(지자과지, 우자불급야) 공영달은 "지자는 도를 경시하므로 지나쳐 버리고, 우자는 도를 우원하다고 여기므로 거기에 미치지 못한다."라고 풀이했다. 지자는 본래 총명한 사람을 의미하지만 도를 경시하는 사람은 진정한 지자라고 할 수 없으므로 여기서는 '아는 체하는 사람'이라고 번역했다.

제5장

子曰: "道其不行矣夫."

선생님께서 말씀하셨다. "도가 행해지지 않을 것 같구나."

道其不行矣夫(도기불행의부)　정현은 "가르칠 수 있는 현명한 군주가 없는 것을 안타까워한 것"이라고 했다. 공영달은 "공자가 앞 장에서 이미 도가 행해지지 않는 것을 마음 아파했는데, 또 마음 아파하면서 안타까워 이르기를, 당시에 현명한 군주가 없어서 그 도가 다시 행해지지 않을 것이다."라 했다.

해설　주희는 여기까지를 5장이라 하면서, "위의 장을 이어서 도가 행해지지 않는 단서를 들어 다음 장으로 뜻이 이어지게 했다."라고 풀이했다.

제6장

子曰: "舜其大知也與? 舜好問而好察邇言, 隱惡而揚善, 執其兩端, 用其中於民, 其斯以爲舜乎!"

선생님께서 말씀하셨다. "순임금은 아마 대단히 지혜로우신 분이 아닐까? 순임금은 묻기를 좋아하시고 쉬운 말 살피기를 좋아하시며, 좋지 않은 점은 숨겨 두고 좋은 점은 드러내며, 양쪽 끝을 잘 알고 나서 그 알맞은 도리를 백성에게 쓰시니, 그가 이와 같으므로 순이라고 불리게 된 것이 아닐까!"

邇言(이언)　정현과 공영달은 "근언(近言)"이라 했고, 주희는 "천근지언(淺近之言)"이라 했다. 주위에서 쉽게 들을 수 있는 말, 서민들의 일상적인 말, 평범하면서도 쉬운 말을 뜻한다.

隱惡(은악) 좋지 않은 점을 숨긴다는 것은 남을 기만하고 속이는 것이 아니라, 드러나지 않게 하여 상대방을 배려하는 것이다.

兩端(양단) 정현은 지나친 것과 미치지 못한 것이라 했다. 공영달은 어리석은 사람과 지혜로운 사람이라 했다. 주희는 대소 후박(大小厚薄)처럼 극단적으로 같지 않은 것을 말한다고 했다.

해설 공영달에 따르면, 순임금의 덕화가 이와 같으므로 시호를 순이라고 한 것이다. 시법(諡法)에 따르면, 선양을 받아서 공을 이룬 것을 순이라고 한다는 것과, 어질고 의로우며 지혜를 담고 있는 것을 순이라고 한다는 두 가지 견해가 있다.

주희는 여기까지를 6장이라 했다.

제7장

子曰: "人皆曰予知, 驅而納諸罟擭陷阱之中, 而莫之知辟也. 人皆曰予知, 擇乎中庸, 而不能期月守也."

선생님께서 말씀하셨다. "사람들은 모두 자기가 지혜롭다 말하나, 그를 몰아다가 그물이나 덫이나 함정 속에 빠뜨려도 피할 줄 알지 못한다. 사람들은 모두 자기가 지혜롭다 말하나, 중용을 선택하더라도 한 달을 지키지 못한다."

해설 주희는 여기까지를 7장이라 했다.

제8장

子曰: "回之爲人也, 擇乎中庸, 得一善, 則拳拳服膺而弗失之矣."

선생님께서 말씀하셨다. "안회의 사람됨은 중용을 선택하여 선한 일을 하나라도 얻게 되면, 늘 가슴속에 간직하여 정성스럽게 지키고 그것을 잃지 않았다."

回(회) 공자의 제자 안회(顔回)이니, 자는 자연(子淵)이며 안연(顔淵)이라
고도 불린다. 공자의 가장 뛰어난 제자로 안빈낙도했으나 요절했다.

拳拳(권권) 정성스럽게 받들어 간직하는 모습〔奉持之貌〕이다.

服膺(복응) 복은 간직한다는 뜻이며, 응은 가슴을 가리킨다.

해설 주희는 여기까지를 8장이라 했다.

제9장

子曰: "天下國家可均也, 爵祿可辭也, 白刃可蹈也, 中庸不可能也."

선생님께서 말씀하셨다. "천하나 나라나 집안도 고르게 다스릴 수 있고, 벼슬
과 봉록도 사양할 수 있으며, 번쩍거리는 칼날도 밟을 수 있지만, 중용은 제대
로 해낼 수 없다."

天下國家(천하국가) 공영달에 따르면, 천하는 천자(天子)에 대해 말한
것이고, 국은 제후에 대해 말한 것이며, 가는 경대부에 대해 말한 것이다.

均(균) 주희는 '고르게 다스리다'라는 뜻으로 풀이했다.

해설 주희는 여기까지를 9장이라 했다.

제10장

子路問强. 子曰: "南方之强與? 北方之强與? 抑而强與?"

자로가 강함에 대하여 물으니 선생님께서 말씀하셨다. "남방에서 말하는 강
함인가? 북방에서 말하는 강함인가? 아니면 네가 생각하는 강함인가?"

子路(자로) 공자의 제자로, 성은 중(仲)이고 이름은 유(由)이다. 자로는 자인데, 계로(季路)라고도 불린다. 용맹을 좋아해 강함에 대해 물은 것이다.

抑(억) 선택 또는 전환의 구실을 하는 접속사이다.

而强(이강) 이(而)는 이인칭 대명사로 '너'라는 뜻이다. 공영달은 중국(황하 중하류의 중원을 가리킨다.)을 위해 네가 할 수 있는 강함인지를 물은 것으로 풀었다. 자로의 강함은 중국에서 행해지는 강함이다.

"寬柔以敎, 不報無道, 南方之强也, 君子居之."

"너그럽고 부드럽게 가르치고, 무도함에 보복하지 않는 것은 남방의 강함이니, 군자가 그러한 도리로 살아간다."

不報無道(불보무도) 정현에 따르면, 당하고도 보복하지 않는다는 뜻이다. 공영달에 따르면, 다른 사람들이 나에게 이치에 맞지 않게 대하더라도 보복하는 마음을 갖지 않는다는 뜻이다.

"衽金革, 死而不厭, 北方之强也, 而强者居之."

"무기와 갑옷을 깔고 앉거나 덮고 자면서, 죽어도 싫어하지 않는 것이 북방의 강함이니, 너와 같이 강한 사람이 그러한 도리로 살아간다."

衽金革(임금혁) 정현과 주희는 깔고 앉는 것이라 했고, 공영달은 깔고 앉기도 하고 덮기도 하는 것이라고 했다. 정약용은 갑옷은 원래 쇠나 가죽으로 옷고름을 맸다고 했으며, 장보첸(蔣伯潛)은 갑옷을 입고 무기를 찬다는 뜻으로 풀이했다.

而强者居之(이강자거지) 공영달에 따르면, 북방은 사막의 땅으로, 그 지역은 음(陰)이 많으니 음기는 편협하고 조급한지라 인성이 굳세고 사나워서 툭하면 싸우기를 좋아한다. 주희에 따르면, 북방은 기풍이 굳세고 강하므로, 과감한 힘으로 남을 이기는 것을 강함이라고 한다. 정약용에 따르면, 북방은 오랑캐의 기풍을 나타내고, 남방은 중국의 기풍을 가리킨다.

"故君子和而不流, 强哉矯; 中立而不倚, 强哉矯; 國有道, 不變塞焉, 强哉矯; 國無道, 至死不變, 强哉矯."
"그러므로 군자는 어울리되 시류에 휩쓸리지 않으니, 강하고도 꿋꿋함이여! 중립하여 치우치지 않으니, 강하고도 꿋꿋함이여! 나라에 도가 있을 때에는 변치 않고 충실하니, 강하고도 꿋꿋함이여! 나라에 도가 없을 때에는 죽음에 이르더라도 변치 않으니, 강하고도 꿋꿋함이여!"

和(화) 공영달은 성품과 행실이 어울리고 합하는 것이라 했다.
不流(불류) 정현과 공영달은 "불이(不移)"라고 했는데, 이는 시류와 풍속에 따라 휩쓸리지 않는다는 뜻이다.
强哉矯(강재교) 교(矯)는 강한 모습을 뜻하는데, 정약용은 화살처럼 곧음이라고 풀이했다. 공영달에 따르면, 강재교는 의지가 강하고 그 의지가 표현된 모습이 굳세고 힘이 있는 모양을 가리킨다.
中立而不倚(중립이불이) 공영달은 중정하고 독립하여 치우치지 않음으로 풀이했는데, 중용을 스스로 지켜 나가 치우침이 없다는 의미이다.
塞(색) 정현은 '충실[實]'의 뜻이라 했고, 주희는 '아직 영달하지 못함[未達]'으로 풀이했다.
해설 주희는 여기까지를 10장이라 했다.

제11장

子曰: "素隱行怪, 後世有述焉, 吾弗爲之矣. 君子遵道而行, 半途而廢, 吾弗能已矣. 君子依乎中庸, 遯世不見, 知而不悔, 唯聖者能之."

선생님께서 말씀하셨다. "은둔 생활을 지향하면서 기이한 일을 하는 것을 후세에 칭송하는 사람이 있는데, 나는 그렇게는 하지 못하겠다. (오늘날) 군자는 처음에 바른길로 가다가도 중도에 그만두는데, 나는 그렇게 할 수는 없다. 군자는 중용을 따르기 때문에 설령 세상을 피해 숨어 살아서 알아주는 사람이 없어도 후회하지 않으니, 오직 성인이라야 그렇게 할 수 있다."

素隱行怪(소은행괴) 정현에 따르면, 소(素)는 성을 공격할 때 그가 향하는 곳을 공격한다는 소(傃)와 같으니, 소는 향한다는 뜻이다. 바야흐로 해로움을 피하는 쪽으로 몸을 숨겨서 괴상한 일을 하는 것을 말한다. 공영달에 따르면, 원칙이 없는 세상에서 자신은 숨어 사는 것을 지향하기에 마땅히 말없이 조용히 살아야 하는데도 괴이한 일을 행하는 것과 같다.(여기서 괴이한 일이란 허유가 요임금의 요청을 받고서 냇물에 귀를 씻었다는 고사와 같은 일을 가리킨다.) 주희에 따르면 소는 『한서』에 따라 마땅히 색(索)으로 읽어야 하니, 아마 글자가 잘못된 것 같다. 색은 생소한 이치를 너무 깊게 탐구하여, 지나치게 괴이한 행동을 하는 것이다. 정약용에 따르면, 소란 아무 명분이나 이유 없음을 가리킨다. 소를 평소[素常]의 뜻으로 풀이하는 경우도 있다.

述(술) 찬양한다는 뜻이다.

弗爲之矣(불위지의) 정현은 그렇게 하는 것을 부끄럽게 여긴다고 해석했다.

半途而廢(반도이폐) 정현은 그만둔다는 뜻으로 풀이했는데, 정약용은 힘이 부쳐 쓰러진다는 의미로 해석했다.

해설 주희는 여기까지를 11장이라 했다.

제12장

君子之道, 費而隱. 夫婦之愚, 可以與知焉. 及其至也, 雖聖人亦有所不知焉. 夫婦之不肖, 可以能行焉. 及其至也, 雖聖人亦有所不能焉.

군자의 도리는 자기의 뜻에 맞지 않는 세상을 만나면 은둔하는 것이다. 평범한 사람으로서 어리석은 자도 좋고 나쁨을 알 수가 있지만, 그 지극한 이치에 대해서는 비록 성인이라도 알지 못하는 것이 있다. 평범한 사람으로서 그다지 지혜롭지 못한 자도 해낼 수는 있으나, 그 지극한 일에 이르러서는 비록 성인이라도 해내지 못하는 것이 있다.

費而隱(비이은) 정현에 따르면, 은둔해도 괜찮은 절조에 대해 말한 것이다. 비는 '어긋나다'와 같다. 그 도가 어긋나지 않으면 벼슬한다. 공영달에 따르면, 군자다운 사람은 난세를 만나서 도덕이 어긋나면 은둔하여 벼슬하지 않고, 만약 도가 어긋나지 않으면 마땅히 벼슬한다. 주희에 따르면, 비는 작용이 광대한 것이고 은은 본체가 은미한 것이다.

『중용혹문』의 주희의 작은 주석[細注]에 따르면, 도란 체(體)와 용(用)을 겸하고, 비(費)와 은(隱)을 포괄해서 말한 것이다. 따라서 비는 도의 작용이요, 은은 도의 그러한 바로서 나타나지 않은 것이다. 어떤 사람이 "형이하자는 비요 형이상자는 은이라."라고 말했다. 이에 대해 주희는 이렇게 말했다. 형이하자는 매우 넓게 펼쳐져 있는데, 형이상자는 그 사이에서 실행되어 어느 사물이나 갖추지 않은 것이 없고 어느 곳에나 있지 않은 곳이 없다. 그래서 비라고 한다. 그 가운데 있는 형이상자는 보거나 들을 수 없는 것이므로 은이라고 한다.

夫婦之愚(부부지우) 부부(夫婦)는 필부필부(匹夫匹婦)의 뜻으로 평범한 부부, 보통의 남녀를 가리킨다. 부부지우는 평범한 사람으로서 어리석은 자이다.

夫婦之不肖(부부지불초) 평범한 사람으로서 그다지 지혜롭지 못한 사람이다. 공영달은 어리석은 사람보다는 나은 사람이라고 보았다.

可以與知焉(가이여지언) 정현에 따르면, 여(與)는 '참여하다'로 읽는다. 찬례자(관례를 치를 때의 여러 손님들)가 모두 거기에 참여했다(음주하는 일을 말한다.)고 할 때의 참여이다. 공영달에 따르면, 천하의 일은 복잡다단하다. 그런데 사소한 일은 비록 평범한 사람으로서 어리석은 자라도 우연히 그 선악에 참여해 알 수 있다.(자신의 경험에 비춰서 아는 것을 말한다.) 마치 나무꾼의 말에도 쓸 만한 것이 있는 것과 같다. 그래서 '여지'라고 하였다.

해설 이 구절을 주희는 다음과 같이 해석한다. 군자의 도는 그 용처가 매우 광대하고 그 체는 매우 미묘한 것이다. 그 대체적인 것을 말하자면, 평범한 사람으로서 어리석은 자도 들어서 알 수가 있지만, 정미하고 신묘한 것에 이르러서는 비록 성인이라도 알지 못하는 것이 있다. 그 개별적인 사건에 있어서는 평범한 사람으로서 어리석은 자도 능히 해낼 수 있으나 만약 정미 신묘한 것을 하려고 한다면 비록 성인이라도 할 수 없는 경우가 있다.

天地之大也, 人猶有所憾. 故君子語大, 天下莫能載焉; 語小, 天下莫能破焉.

천지(의 은혜)가 아무리 크더라도 사람에게는 오히려 섭섭한 일이 있다. 따라서 군자가 원대한 이상을 말하게 되면 세상 사람들이 받아들이지 못하고, 일상적인 일에 대해 말하면 세상의 어떤 사람도 깨뜨리지 못한다.

人猶有所憾(인유유소감) 정현에 따르면, 감(憾)은 원망〔恨〕의 뜻이다. 주희에 따르면, 사람이 천지를 원망하는 것은 (천지가) 보호해 주고 길러 주며 낳아서 이루어지게 하는 데 치우침이 있는 것과, 추위와 더위·재앙과 상서로움이 올바름을 얻지 못한 것에 대해서이다.

語大(어대) 정현에 따르면, 원대한 일에 대해 말하는 것으로 선왕의 도를 일컫는다.

語小(어소) 정현에 따르면, 작은 일에 대해 말하는 것으로 어리석고 모자란 사람, 필부필부 같은 사람도 알고 행할 수 있는 것을 일컫는다.

詩云: "鳶飛戾天, 魚躍于淵." 言其上下察也. 君子之道, 造端乎夫婦, 及其至也, 察乎天地.

『시』에 이르기를 "솔개는 날아 하늘에 이르고, 물고기는 연못에서 뛰어논다."라고 하니, 성인의 덕이 하늘 위와 땅 아래에까지 뚜렷이 드러남을 말한다. 군자의 도리는 평범한 부부에게서 시작되나, 그 극치에 이르러서는 천지에 뚜렷이 드러난다.

詩(시) 『시경』「대아(大雅) 한록(旱麓)」편이다. 공영달에 따르면 『시경』 본문에서 말하는 "연비려천(鳶飛戾天)"은 악한 사람이 멀리 떠나감을, "어약우연(魚躍于淵)"은 선한 사람이 제자리를 얻음을 비유한 것인데, 여기서는 단장취의(斷章取義)하여 『시경』의 본뜻과는 다르다고 했다.

戾(려) 이른다〔至〕는 뜻이다.

上下察(상하찰) 찰(察)은 드러나다〔著〕의 뜻과 같다. 정현에 따르면, 성인이 덕이 하늘에 이르게 되면 솔개가 날이 하늘에 이르는 듯이고, 땅에 이르게 되면 물고기가 연못에서 뛰어오르는 것과 같으니, 이는 하늘과 땅에서 뚜렷이 드러나는 것이다. 주희에 따르면, 이처럼 위아래에서 뚜렷이 드러남은 이 이(理)의 작용 아님이 없으니 이른바 비(費)이다.

夫婦(부부) 정현은 보통 사람들이 알고 행할 수 있는 일을 일컫는다고 설명했다. 그러나 주희는 여기에서의 부부란 인륜 가운데 가장 친밀한 관계로 여겼다.

<u>해설</u> 주희는 여기까지를 12장이라 했다.

제13장

子曰: "道不遠人, 人之爲道而遠人, 不可以爲道."

선생님께서 말씀하셨다. "도는 사람에게서 멀리 있지 않으니, 사람이 도를 행하면서 사람에게서 멀어진다면 도라고 할 수 없다."

道不遠人(도불원인) 정현과 주희는 "도는 사람에게서 멀리 있지 않다. 〔道不遠於人〕로 해석했다. 이는 모든 사람은 도를 가지고 있고, 도 안에서 산다는 의미이다.

人之爲道而遠人(인지위도이원인) 공영달에 따르면, 사람이 중용의 도를 행하려면 마땅히 사람에게 가까운 것으로부터 찾아야 한다. 모든 사람이 행할 수 있는 것이라면, 자기가 행하는 것이 도일 수 있다. 만약 이치에 어긋나 멀어지게 되면, 자기에게 행해서도 안 되고 또 남에게 행해서도 안 되니, 그렇다면 도가 아니다. 여기서 사람은 자기 자신을 포함한 사람 일반을 가리킨다. 중용의 도리는 자기에게 실행할 수 있어야 남에게도 실행할 수 있는 것이다. 따라서 주희는 평범한 것을 경시하고 고원한 것을 추구하는 것은 중용이 아니라고 했다.

詩云: "伐柯伐柯, 其則不遠." 執柯以伐柯, 睨而視之, 猶以爲遠. 故君子以人治人, 改而止.

『시』에 이르기를, "도끼 자루 감을 베는구나! 도끼 자루 감을 베는구나! 그 본보기는 멀리 있지 않도다."라고 했다. 그러나 도끼 자루를 잡고 도끼 자루 감을 베면서, 자기 도끼 자루를 비스듬히 보고 있으면서도 오히려 본보기가 멀리 있다고 여긴다. 그러므로 군자는 사람의 도리로써 잘못 있는 사람을 바로잡아 주고 (그가 잘못을) 고치면 그만둔다.

詩(시) 『시경』「빈풍(豳風) 벌가(伐柯)」편이다.
則(칙) 법(法)과 같은 의미로, 본보기라는 뜻이다.
睨(예) 정현은 '흘겨보는 것[睥睨]'으로 풀었고, 주희는 '비스듬히 보는 것[邪視]'이라 했다.
君子以人治人(군자이인치인) 공영달에 따르면, 도는 사람에게서 멀리 있지 않은데, 어떤 사람이 잘못을 하면 군자는 마땅히 사람의 도리[人道]로 그 잘못 있는 사람을 다스린다는 뜻이다.
改而止(개이지) 정현에 따르면, 잘못을 고치면 그만두어 용서하고, 그 사람이 할 수 없는 일을 들어 더 이상 따지지 않는다는 뜻이다. 자기도 못하면서 남에게 요구하지 말라는 의미도 담겨 있다.
해설 정약용은 이 구절을 다음과 같이 해석한다. 다른 사람에게 바라는 것으로 다른 사람을 섬긴다. 내가 다른 사람을 섬기는 것과 내가 다른 사람에게 바라는 것이 다르면, 내 행동을 고친 다음에 그친다. 장보첸도 이 구문을 충서(忠恕)의 도리로 풀이했다.

忠恕違道不遠, 施諸己而不願, 亦勿施於人.
자기 마음을 다하는 것과 자기를 미루어 다른 사람을 대하는 것은 도에서 멀지 않으니, 자기에게 행해지기를 원하지 않는 일은 다른 사람에게 행하지 말라.

忠恕(충서) 공영달에 따르면, 충은 안으로 마음을 다하는 것이고 서는 밖으로 다른 사람을 속이지 않는 것이다. 서는 '헤아리다'이니, 이는 다른 사람에게 마땅한가를 헤아린다는 것이다. 자기 자신이 충과 서를 행하면 도로부터 멀지 않게 된다. 주희는 자기 마음을 다하는 것이 충이요, 자기를 미루어 다른 사람에게 미치는 것을 서라고 했다. 정약용은 충서를 충과 서 둘이 아니라, 진실한 마음으로 서를 행하는 것으로 보아, 서도(恕道) 한 가지로써 온갖 것을 꿴다고 풀이했다.

違(위) 거(去)와 같은 의미로, 멀어진다는 뜻이다.

君子之道四, 丘未能一焉. 所求乎子以事父, 未能也. 所求乎臣以事君, 未能也. 所求乎弟以事兄, 未能也. 所求乎朋友先施之, 未能也.

군자의 도리에 네 가지가 있는데, 나는 그 가운데 하나도 제대로 하지 못한다. 자식에게 바라는 도리로써 부모 섬기는 일을 제대로 하지 못하고, 신하에게 바라는 도리로써 임금 섬기는 일을 제대로 하지 못하며, 동생에게 바라는 도리로써 형 섬기는 일을 제대로 하지 못하고, 친구에게 바라는 도리로써 친구에게 먼저 베푸는 일을 제대로 하지 못한다.

丘未能一焉(구미능일언) 공영달에 따르면, 공자가 성인인데도 아직 제대로 못한다고 말한 것은 보통 사람이 마땅히 끊임없이 힘써야 함을 밝힌 것이다.

求(구) 바라다(責)의 뜻과 같다. 주희에 따르면, 무릇 자기가 다른 사람에게 바라는 것은 모두 도리의 당연한 바이다. 그러므로 이를 돌이켜서 스스로에게 바라는 것을 가지고 자신을 수양한다고 풀이했다.

해설 공영달에 따르면 군자의 네 가지 도리란 효, 충, 공경, 은혜이다. 그러나 유학의 일반적인 덕목에 비추어 본다면 효(孝), 충(忠), 제(悌), 신(信)이라 할 수 있다.

庸德之行, 庸言之謹, 有所不足, 不敢不勉, 有餘不敢盡, 言顧行, 行顧言. 君子胡不慥慥爾.

언제나 덕을 행하고 언제나 말을 삼간다. (그럼에도 재주와 지혜, 덕행에) 부족함이 있거든 감히 힘쓰지 않을 수 없으며, 남음이 있어도 감히 다 발휘하지 않는다. 말은 행실을 돌아보고, 행실은 말을 돌아본다. 군자가 어찌 말과 행실을 독실하게 하지 않겠는가!

> 庸(용) 용은 상(常)과 같아서 '언제나', '항상'이라는 뜻이다. 주희는 "평상(平常)"이라 했다.
>
> 有所不足, 不敢不勉(유소부족, 불감불면) 공영달에 따르면, 자기의 재주와 행실에 부족함이 있으면, 힘써 행하지 않을 수 없다는 말이다.
>
> 有餘不敢盡(유여불감진) 공영달에 따르면, 자기의 재주와 행실이 남보다 나은 것이 있어도, 언제나 겸손하게 물러나는 마음으로 그 재주와 행실이 남을 능가하지 않게 한다는 뜻이다.
>
> 慥慥(조조) 주희는 '독실한 모습[篤實貌]'이라 풀이했다.
>
> 해설 주희는 여기까지를 13장이라 했다.

제14장

君子素其位而行, 不願乎其外. 素富貴行乎富貴, 素貧賤行乎貧賤, 素夷狄行乎夷狄, 素患難行乎患難. 君子無入而不自得焉.

군자는 자신이 처한 자리에서 자신이 해야 할 것을 실행하고, 그 자리를 벗어난 것을 바라지 않는다. 부귀한 자리에 있더라도 (교만하지 않고) 사람의 도리를 실천하고, 빈천한 자리에 있더라도 사람의 도리를 실천하며, 오랑캐의 나라에 가게 되면 오랑캐의 풍속을 따르더라도 사람의 도리를 실천하고, 환난에 처하면 환난 속에서도 사람의 도리를 실천해야 한다. (그러니) 군자는 가는 곳마다 그 도리를 잃지 않는다.

> 素(소) 공영달은 향(鄕)이라 했으니 향(向)과 통하고, 직면한다는 뜻이
> 다. 주희는 '현재'의 뜻으로 풀이했다.
>
> 해설 공영달은 이 구절을 다음과 같이 해석했다. 부귀하여서는 교만하
> 거나 음란하지 않고, 빈천하게 되어서는 아첨하지 않고 두려워하지 않
> 는다. 오랑캐의 나라에 가서는 오랑캐의 문화가 비록 천박하더라도 그
> 습속을 따르면서 사람의 도리를 저버리지 않는다. 환난 가운데 처해서
> 는 위험 앞에서도 뜻을 굽히지 않고, 죽을힘을 다해서 좋은 도리를 지
> 킨다. 따라서 군자는 가는 곳마다 그 도리를 잃어버리지 않을 수 있게
> 된다.

在上位不陵下, 在下位不援上. 正己而不求於人, 則無怨. 上不怨天, 下
不尤人.
윗자리에 있으면서 아랫사람을 업신여기지 않고, 아랫자리에 있으면서 윗자리
에 (연줄을 잡아) 기어오르지 않는다. 자기를 바르게 하지만 남에게 요구하지
않는다면 원망 살 일이 없을 것이다. 위로는 하늘을 원망하지 않으며, 아래로
는 남을 탓하지 않는다.

> 援(원) 반부(攀附)의 뜻으로, (어떤 것에 의지하여) 기어오르는 것, 아부해
> 서 승진하거나 부귀를 추구하는 것을 말한다.

故君子居易以俟命, 小人行險以徼幸.
그러므로 군자는 평안하게 거처하면서 천명을 따르고, 소인은 위험한 짓을 하

면서 요행을 바란다.

易(이) 발음은 '이'이다. 정현은 "평안(平安)"이라 풀이했으니 마음을 가
리켜 말한 것이고, 주희는 "평지(平地)"라 풀이했으니 평상시의 자리를
가리킨다.

俟命(사명) 정현은 천명에 따르는 것이라고 풀이했고, 주희는 분수 밖
의 것을 바라지 않는 것이라고 해석했다.

子曰: "射有似乎君子, 失諸正鵠, 反求諸其身."

선생님께서 말씀하셨다. "활쏘기에는 군자의 도리와 유사한 점이 있으니, 정
곡을 맞히지 못하면 돌이켜 자기 자신에게서 그 원인을 찾는다."

正鵠(정곡) 정(鴻)과 곡(鵠)은 원래 모두 새 이름이다. 정(鴻)은 매과의
맹조로, 몸집이 작으면서도 나는 속도가 빨라서 쏘아 맞히기가 어려운
새이다. 곡은 물새의 한 가지로 지금의 고니를 말하니, 상대적으로 맞
히기가 쉬운 새이다. 뒷날 정(正)은 베로 만든 과녁의 한가운데를 가리
키고, 곡은 가죽으로 만든 과녁의 한가운데를 가리키게 되었다. 정현에
따르면 인재를 선발하는 활쏘기에서는 가죽으로 만든 과녁을 펼쳐 놓
고 그 가운데에 곡을 설치하며, 손님을 대접하는 활쏘기에서는 베로 만
든 과녁을 펼쳐 놓고 그 가운데에 정을 설치했다고 한다. 과녁 전체를 후
(候)라 하고, 과녁을 곡(鵠)이라 하고, 과녁의 한가운데를 정(正)이라 설
명하기도 한다.

求(구) 따지다[責]의 뜻이니, 그 원인을 찾는 것이다.

해설 주희는 여기까지를 14장이라 했다.

제15장

君子之道, 辟如行遠必自邇, 辟如登高必自卑.

군자의 도리는 비유하자면, 먼 곳을 가려면 반드시 가까운 곳으로부터 시작해야 하는 것과 같고, 높은 곳에 오르려면 반드시 낮은 곳으로부터 시작해야 하는 것과 같다.

> 辟(비) 비유하다(譬)의 뜻이다.
>
> 自(자) '~으로부터(從)'의 뜻이다.

詩曰: "妻子好合, 如鼓瑟琴. 兄弟旣翕, 和樂且耽. 宜爾室家, 樂爾妻帑."

『시』에 이르기를 "처자식의 정과 뜻이 잘 맞음이 금슬을 타는 것과 같구나. 형제 사이의 정과 뜻이 맞아서 화락하고 또 즐겁도다. 너의 집안을 화목하게 하고 너의 처자식을 즐겁게 하라."라고 했다.

> 詩(시) 『시경』「소아(小雅) 상체(常棣)」편이다.
>
> 好合(호합) 공영달에 따르면, 감정이 서로 통하고 의견이 일치한다는 뜻이다.
>
> 兄弟(형제) 정현의 『시경』주(注)에 따르면, 형은 꽃, 아우는 꽃받침에 비유된다. 동생은 공경으로써 형을 섬기고, 형은 빛(영광)으로써 동생을 덮어 준다. 이는 마치 꽃받침이 꽃을 받들고 꽃이 꽃받침을 덮어 주는 것과 같다.
>
> 翕(흡) 합(合)한다는 뜻이다.
>
> 耽(탐) 즐기다(樂)의 뜻이다. 『시경』원문에는 "담(湛)"으로 되어 있다.
>
> 帑(탕) 자손이라는 뜻이다.

宜(의) 목(穆)의 뜻으로, 화목함을 말한다.

子曰: "父母其順矣乎?"

선생님께서 말씀하셨다. "부모가 그들을 교화하여 온순하게 한 것이 아니겠는가?"

其~乎(기~호) 완곡한 반문의 뜻이 담겨 있다.

順(순) 공영달에 따르면, 교화를 행하여 집안사람들로 하여금 온순하게 함(和順)을 일컫는다. 주희는 부모가 편안하고 즐거운 것이라고 풀이했다.

해설 주희는 여기까지를 15장이라 했다.

제16장

子曰: "鬼神之爲德, 其盛矣乎! 視之而弗見, 聽之而弗聞, 體物而不可遺."

선생님께서 말씀하셨다. "귀신의 공덕이 성대하구나. 그것을 보려 해도 보이지 않으며, 그것에 대하여 들으려 해도 들리지 않지만, 온갖 사물을 낳아 기르되 빠뜨리는 것이 없다."

鬼神之爲德(귀신지위덕) 정이는 "귀신은 천지(天地)의 공용(功用)이요, 조화의 자취이다."라 했고, 장재(張載)는 "귀신은 음양 두 기의 양능(良能)"이라고 했다. 주희에 따르면, 음양 두 기로 나누어 귀는 음기의 신령한 작용(靈)이요 신은 양기의 신령한 작용이다. 합하여 하나의 기로 말하면, 펼치면 신이요 돌아가면 귀가 되니, 실제로는 한 물건일 뿐이다. 홍대용은 『중용문의(中庸問疑)』에서 "하늘에서는 신이라 하고, 땅에서는 지(祇)라 하며, 사람은 귀라 하나, 실제로는 한 물건이다. 사람이 살아서는 정신(精神)이라 하고 죽어서는 혼백(魂魄)이라 하나, 실제는 하나이다."라고 풀이했다. 또한 주희는 위덕(爲德)을 성정(性情)[體, 보려 해도 보이지 않고 들으려 해도 들리지 않음]과 공효(功效)[用, 온갖 사물을 낳아 기르되 빠뜨리는 것이 없음]를 합하여 말하는 것과 같다고 풀이했다. 한편 『중용강의정의(中庸講義正義)』에는 다음과 같은 기록이 있다. "정조(正祖)가 물었다. '귀신지덕(鬼神之德)이라 하지 않고 반드시 덕(德) 자 위에 위(爲) 자를 더한 것은 무엇 때문인가?' 노춘(魯春)이 대답했다. '단지 귀신지덕이라고만 한다면 귀신과 덕이 두 물건(일)이 되어 형상(形上)과 형하(形下)로 나누어 보게 되기가 쉽습니다. 반드시 위(爲) 한 글자로 중간을 접속한 뒤에라야, 어세(語勢)에 전환함이 있어서 자연히 나뉨이 없게 됩니다.'"

體物(체물) 물에는 사물과 사건(事)의 뜻이 모두 있다. 정현은 체를 낳다(生)의 뜻으로 풀이했다. 공영달은 낳아 기르다(生養), 낳아 형체가 있게 하다(生而有形體)의 뜻으로 풀이했다. 주희는 사물과 사건을 주관한다(幹事)는 뜻으로 풀이했다.

不可遺(불가유) 정현은 가(可)를 소(所)와 같다고 보아, 귀신의 공덕이 미치지 않는 곳이 없다고 풀이했으니, 귀신은 만물을 빠뜨리는 것이 없다는 뜻이다. 반면 주희는 사물이 귀신을 빠뜨릴 수 없는 것이라고 풀이했다.

使天下之人, 齊明盛服, 以承祭祀. 洋洋乎如在其上, 如在其左右.
천하 사람들로 하여금 몸과 마음을 깨끗하게 하고 의복을 단정히 차려입고서 제사를 받들게 한다. (이렇게 한다면) 곳곳에 충만하여 마치 그 위에 있는 듯하며 마치 그 좌우에 있는 듯하구나!

齊(제)   재계(齋戒)라는 뜻이다. 재계에는 산재(散齋)와 치재(致齋) 두 가지가 있다. 산재는 제사를 지내기 전 이레 동안 마음을 가라앉히는 것이고, 치재는 사흘 동안 돌아가신 분의 일상생활에 대해 회상하는 것으로, 그분이 웃고 말씀하시던 것, 뜻과 흥취, 즐겨 드시던 것과 생시에 좋아하시던 것을 생각해 그분의 모습을 떠올리는 것이다.

明(명)   몸과 마음을 깨끗하게 하는 것이다.

盛服(성복)   공영달에 따르면, 의복을 단정히 차려입는 것이다.

洋洋(양양)   공영달에 따르면, 귀신의 형상을 사람이 상상하니 마치 사람의 위에 있는 듯하고 좌우에 있는 듯하여, 그 모습을 보는 것처럼 생각하는 것이다. 주희에 따르면, 충만하여 흘러넘치는 것을 뜻한다. 사람들로 하여금 두려워하고 공경하며 받들게 하여, 밝게 드러남이 이와 같다는 뜻이다.

詩曰: "神之格思, 不可度思, 矧可射思."

『시』에 이르기를 "신이 이르는 것을 헤아릴 수 없거늘, 하물며 (제사 지내는 것을) 싫증 낼 수 있겠는가."라고 했다.

詩(시)   『시경』「대아 억(抑)」편이다.

格(격)   오다〔來〕의 뜻이다.

思(사)   어조사이다. 이며기 시도 같은 어미이다.

度(탁)   음은 '탁'으로, 헤아린다는 뜻이다.

矧(신)   하물며〔況〕의 뜻이다.

射(역)   음은 '역'이고, 싫증 낸다는 뜻이다.

夫微之顯, 誠之不可揜, 如此夫.

(귀신의 모습은) 깊이 감추어져 보이지 않는 것으로부터 뚜렷하게 드러나니, (그의) 진실함을 감출 수 없는 것이 이와 같구나!

誠(성) 공영달은 성실하고 믿음직함[誠信]이라 했고, 주희는 진실무망(眞實無妄)이라 풀이했다.

해설 주희는 여기까지를 16장이라 했다.

제17장

子曰: "舜其大孝也與? 德爲聖人, 尊爲天子, 富有四海之內, 宗廟饗之, 子孫保之."

선생님께서 말씀하셨다. "순임금은 효도를 지극히 다하신 것 아니겠는가? 덕행으로는 성인이시고 존귀하기로는 천자이시며 부유하기로는 천하를 가지셨고 돌아가신 뒤에는 종묘에서 제사를 받으시며 자손들이 대대로 받들어 모셨다."

子孫(자손) 공영달에 따르면, 주(周)나라 때 진(陳)나라는 순의 후예였다. 진나라 사람들이 순임금을 대대로 받들어 모셨다는 의미이다. 주희에 따르면 자손은 우사(虞思)와 진(陳) 호공(胡公)의 무리이다.

保(보) 공영달에 따르면, 자손들이 대대로 제사를 받들어 모신다는 뜻이다.

子孫保之(자손보지) 공영달은 자손이 그 제사를 보존하여 이어 가는 것으로 보았고, 주희는 자손이 끊어지지 않고 이어졌다는 뜻으로 풀이했다.

故大德必得其位, 必得其祿, 必得其名, 必得其壽.

그러므로 큰 덕을 지닌 이는 반드시 그에 걸맞은 자리를 얻게 될 것이고 반드시 그에 걸맞은 녹봉을 얻을 것이며, 반드시 그에 걸맞은 명성을 얻을 것이고 반드시 그에 걸맞은 수명을 누릴 것이다.

故天之生物, 必因其材而篤焉.

그러므로 하늘이 만물을 낳아 기름에 반드시 그 자질에 따라 도탑게 한다.

材(재) 정현은 질성(質性), 주희는 질(質)이라 했는데, 모두 자질이라는 뜻이다.

篤(독) 정현과 주희 모두 두텁게 하다〔厚〕로 풀었다. 정현에 따르면, 선한 일을 하는 사람에게는 하늘이 그에게 복을 더 많이 주고, 나쁜 일을 하는 사람에게는 하늘이 그에게 더 많은 해를 주니, 모두 그 일의 근거에 따라 그렇게 한다는 말이다. 공영달은 선한 사람의 예로 순임금과 우임금을 들고, 악한 사람의 예로는 걸(桀)과 주(紂)를 들었다.

故栽者培之, 傾者覆之.

그러므로 심어서 바르게 자란 것은 번식하게 하고 기울어진 것은 쓰러지게 한다.

재(栽) 주희는 '심는다〔植〕'로 풀었다.

培(배), 覆(복) 공영달에 따르면, 도덕은 스스로 융성할 수 있으니 하늘이 그에 따라 더욱 보태 준다. 만일 덕이 없어서 스스로 위험해진다면, 하늘은 또한 그에 따라 더욱 무너지게 한다. 주희에 따르면, 배(培)는 기가 모여 번성하게 됨이요 복(覆)은 기가 흩어지는 것이다. 김간(金幹)의 『후재집(厚齋集)』은 이렇게 설명한다. "재(栽)는 선을 행하는 것을 일컫고, 배(培)는 하늘이 복을 내리는 것을 일컫는다. 경(傾)은 악을 행하는 것을 일컫고, 복(覆)은 하늘이 화를 내리는 것을 일컫는다."

詩曰: "嘉樂君子, 憲憲令德. 宜民宜人, 受祿于天. 保佑命之, 自天申之." 故大德者, 必受命.

『시』에 이르기를 "아름답고 즐거운 군자여! 나라를 흥성하게 하는 훌륭한 덕이 있구나. 만민을 알맞게 양육하고 관료들을 잘 관리하니, 하늘로부터 복록을 받게 되는구나. 하늘이 보호하사 천자로 임명하니, 한 번 더 그에게 복을 내려 주는구나."라고 했다. 그러므로 큰 덕을 가진 이는 반드시 천명을 받게 된다.

詩(시) 『시경』 「대아 가락(嘉樂)」 편이다.

嘉(가) 공영달은 선(善)으로 해석했다.

憲憲(헌헌) 정현과 공영달은 흥성하는 모습이라 했고, 주희는 『시경』에 근거해 '현현(顯顯)'으로 바꿔야 한다고 말했다. 공영달에 따르면, 『시경』의 원문에는 '헌헌'이 '현현'으로 되어 있는데, 여기와 같지 않은 것은 제나라, 노나라, 한나라 지역의 시(詩)가 『시경』과 다르기 때문이다.

宜民宜人(의민의인) 공영달에 따르면, 의민은 만백성을 알맞게 양육하는 것이고, 의인은 관료를 알맞게 관리하는 것이다.

申(신) 거듭한다(重)는 뜻이다.

해설 주희는 여기까지를 17장이라 했다.

제18장

子曰: "無憂者, 其惟文王乎? 以王季爲父, 以武王爲子, 父作之, 子述之."

선생님께서 말씀하셨다. "근심이 없었던 분은 오직 문왕이 아니었을까? 왕계가 그의 아버지이고 무왕이 그의 아들이니, 아버지가 (예악을) 제작하고 아들이 이를 계승해 이루었다."

> 無憂(무우) 공영달에 따르면, 왕계가 예악 제도를 제작하고 문왕이 그것을 받들어 행했다. 문왕의 아들인 무왕이 문왕의 도를 계승하여 이루었으므로 문왕은 근심이 없었던 것이다.

武王纘大王·王季·文王之緒, 壹戎衣而有天下, 身不失天下之顯名, 尊爲天子, 富有四海之內, 宗廟饗之, 子孫保之.

무왕은 태왕과 왕계, 문왕의 사업을 계승하여 한 번 군대를 일으켜 천하를 차지했다. 자신은 천하에 드날리는 명성을 잃지 않았고, 존귀하기로는 천자이며, 부유하기로는 천하를 모두 가졌고, 죽은 뒤에는 종묘에서 제사를 받으며 자손들이 대대로 받들어 모셨다.

> 壹戎衣(일융의) 정현은 의(衣)를 은(殷)과 같다고 본다. 그러나 공영달은 『고문상서(古文尙書)』「무성(武成)」 편에 근거하여 "한 번 군복을 입음(一著戎衣)"으로 풀이했다. 구체적인 의미는 한 번 군대를 일으켜 은나라를 토벌했다는 뜻이다.

武王末受命, 周公成文·武之德, 追王大王·王季, 上祀先公以天子之

禮. 斯禮也, 達乎諸候·大夫及士·庶人. 父爲大夫, 子爲士, 葬以大夫,
祭以士. 父爲士, 子爲大夫, 葬以士, 祭以大夫. 期之喪, 達乎大夫. 三年
之喪, 達乎天子. 父母之喪, 無貴賤一也.

무왕이 노년에 천명을 받고 주공이 문왕과 무왕의 덕을 완성하여 태왕과 왕계
를 왕으로 추존했으며, 위로 선공들을 천자의 예로 제사 지냈다. 이러한 예는
아래로 제후와 대부, 그리고 사와 서인에게까지 미치게 되었다. 아버지가 대
부이고 자식이 사이면 장례는 대부의 예로써 하고 제사는 사의 봉록으로써 한
다. 아버지가 사이고 자식이 대부이면 장례는 사의 예로써 하고 제사는 대부의
봉록으로써 한다. 1년 상복을 입는 것은 대부에까지 이르고 3년 상복을 입는
것은 천자에까지 이른다. 부모의 상은 귀천에 관계없이 모두 똑같다.

末(말) 정현에 따르면 노(老)의 뜻이다.

受命(수명) 천명을 받았다는 것으로, 천자(天子)가 됨을 뜻한다.

追(추) 후손이 선조의 덕업을 기려 작호(爵號)를 높여 주는 것이다.

先公(선공) 일반적으로 공(公)은 제후를 가리킨다. 여기서 선공은 태왕
의 아버지인 조감(組紺)으로부터 후직(后稷)까지를 가리킨다.

期之喪(기지상), 三年之喪(삼년지상) 기년상은 방계 친척에 대하여 1년
상복을 입는 것이다. 삼년상은 부모와 남편에 대하여 3년 동안 상복을
입는 것이다.

해설 주희는 여기까지를 18장이라 했다.

제19장

子曰: "武王周公, 其達孝矣乎! 夫孝者, 善繼人之志, 善述人之事者也.
春秋修其祖廟, 陳其宗器, 設其裳衣, 薦其時食."

선생님께서 말씀하셨다. "무왕과 주공은 누구나 인정하는 지극한 효를 실천

하신 분이 아니겠는가! 효라는 것은 선조의 좋은 뜻을 잘 계승하고 선조의 사업을 잘 잇는 것이다. 봄과 가을에는 조상의 사당을 청소하고 제기를 진열하며, 조상이 입었던 의복을 펼쳐 놓고 제철 음식을 올린다."

達孝(달효) 달은 통(通)의 뜻으로, 달효는 누구나 인정하는 효라는 뜻이 된다.

人(인) 공영달은 선인(先人)이라 했다. 여기서는 선조라고 풀이했다.

修其祖廟(수기조묘) 정현에 따르면 수는 소분(掃糞)이라 했으니, 소제(掃除), 즉 청소함을 뜻한다.

陳其宗器(진기종기) 종기는 조상으로부터 물려받은 제기(祭器)를 가리킨다. 진은 손질하여 진열함을 뜻한다.

設其裳衣(설기상의) 상의는 조상이 남긴 의복이다. 설은 그 의복을 펼쳐 놓음을 뜻하는데, 제사를 지낼 때 시동(尸童, 제사 지낼 때 신위(神位) 대신 앉히던 어린아이)에게 넘겨주어 빙의(憑依)의 의미를 부여한다.

宗廟之禮, 所以序昭穆也. 序爵, 所以辨貴賤也; 序事, 所以辨賢也. 旅酬下爲上, 所以逮賤也. 燕毛, 所以序齒也.

종묘의 예는 (신주를 놓을 때) 왼쪽과 오른쪽의 순서를 정하기 위해서이다. 제사에서 관작에 따라 순서를 정하는 것은 지위의 높낮이를 구별하기 위해서이다. 제사 음식 올리는 순서를 정하는 것은 현명하게 재능을 분별하기 위해서이다. 제사가 끝난 뒤 여럿이 술을 권할 때, 아랫사람이 윗사람에게 술잔을 올리고 여럿이 서로 술을 권하는 것은 은덕이 아랫사람에게까지 미치게 하기 위해서이다. 잔치에서 머리 빛깔을 보고 자리를 정하는 것은 나이로 순서를 정하기 위해서이다.

昭穆(소목) 종묘의 신주를 모시는 차례이다. 태조(太祖)를 중앙에 모시고, 2세·4세·6세는 소라 해서 왼편에, 3세·5세·7세는 목이라 해서 오른편에 모시어 삼소삼목(三昭三穆)의 칠묘(七廟)이고, 제후는 이소이목(二昭二穆)의 오묘(五廟)이다.

爵(작) 공영달에 따르면, 공(公)·경(卿)·대부(大夫)·사(士)를 가리킨다.

序事(서사) 정현에 따르면, 사(事)는 제사 음식 올리는 일을 가리킨다. 공영달에 따르면, 사도(司徒)는 소(牛)를 올리고 사마(司馬)는 양(羊)을 올리고 종백(宗伯)은 닭을 올린다. 서사는 현능함을 분별하여 관직을 맡기는 것을 의미한다.

旅酬(여수) 여는 중(衆)의 뜻이다. 제사가 끝난 뒤에 참석자들이 함께 서로 술을 권하며 마시는 것으로, 그 기회가 아랫사람에게도 돌아가기 때문에 공경하는 마음을 갖게 되는 것이다. 이는 제사 행위인 음복(飮福)과는 구별된다.

燕毛(연모) 주희에 따르면, 연(燕)은 연(宴)의 뜻이다. 제사가 끝난 뒤 벌이는 잔치에서 머리 색에 따라 장유를 구별하고 앉는 순서를 정하는 것이다.

踐其位, 行其禮, 奏其樂, 敬其所尊, 愛其所親, 事死如事生, 事亡如事存, 孝之至也.

선조의 위패가 놓인 자리에 올라 제례를 거행하고 그에 맞는 음악을 연주하며, 그분이 존경했던 분을 공경하고 그분이 가까이하던 이를 아끼며, 죽은 이 섬기기를 산 사람 섬기듯이 하고 없는 분 섬기기를 생존해 계신 분 섬기듯이 하는 것이 효의 지극함이다.

踐其位(천기위) 천은 승(升)과 같으니, 위패가 놓여 있는 곳으로 오름을 뜻한다. 기는 제사 지내는 사람의 선조를 가리킨다.

死(사), 亡(망) 주희에 따르면, 사는 시사(始死)로 초상을 의미하며 아직 시신이 있는 경우이고, 망은 장사 지낸 이후 시신을 매장해 없어진 경우를 말하는 것이다. 따라서 모두 죽은 자를 뜻하지만 그 의미를 살려 '죽은 이'와 '없는 분'으로 해석했다.

郊社之禮, 所以事上帝也. 宗廟之禮, 所以祀乎其先也. 明乎郊社之禮, 禘嘗之義, 治國其如示諸掌乎!

천지에 제사 지내는 교사의 예는 상제를 섬기기 위해서이다. 종묘의 예는 자기 선조에게 제사를 지내기 위해서이다. 천지에 제사 지내는 교사의 예와 선조에 제사 지내는 체상의 의미를 잘 알면, 나라 다스리는 일은 손바닥에 물건을 놓고 보는 것처럼 쉽지 않겠는가!

郊社(교사) 교는 상제를 모시는 제사이고, 사는 토지신을 모시는 제사이다.

所以事上帝也(소이사상제야) 주희에 따르면, 토지신에 대해 언급하지 않은 것은 문장을 간략히 하기 위해서일 뿐이다.

禘嘗(체상) 체는 종묘의 시제(時祭) 이름으로, 본래 천자의 예이다. 5년에 한 번 행하는 큰 제사였다. 『주례(周禮)』에 따르면 체는 여름 제사이고, 상은 가을에 지내는 제사 이름이다.

其如示諸掌乎(기여시제장호) 시(示)에 대해 정현은 치(寘)로, 주희는 시(視)로 풀이했다. 이에 따르면 정현은 물건을 손바닥에 놓고 가늠해 보는 것처럼 쉽다는 뜻으로 본 것이고, 주희는 물건을 손바닥에 올려놓고 보는 것처럼 쉽다는 뜻으로 풀이한 것이다. 공영달은 물건을 손바닥에 올려놓는 것처럼 쉽다고 풀이했다.

제20장

哀公問政. 子曰: "文武之政, 布在方策, 其人存則其政擧, 其人亡則其
政息. 人道敏政, 地道敏樹. 夫政也者, 蒲盧也."

애공이 정치에 대해 물으니 선생님께서 말씀하셨다. "문왕과 무왕의 정치 방
법이 문헌에 적혀 있습니다. 그런 사람이 있으면 그 정치가 행해질 수 있고, 그
런 사람이 없으면 그 정치가 없어질 것입니다. 통치자의 도리는 정사에 힘쓰는
것이고, 땅의 도리는 풀과 나무가 잘 자라도록 힘쓰는 것입니다. 정치라는 것
은 쉽게 자라는 갈대처럼 그 효과가 잘 드러나는 것입니다."

方策(방책) 방은 목판(板), 책은 죽간(簡)을 엮어서 만든 것이다. 옛날에
는 종이 대신 나무나 대를 사용했다. 방책은 전적(典籍)으로서 오늘날의
문헌이다.

其人存(기인존) 공영달에 따르면, 기는 현인이고, 존은 '도가 행해지고
덕이 숭상되는 풍속이 있게 됨(道德存在)'을 뜻한다.

敏(민) 정현에 따르면, 힘쓰다(勉)의 뜻이다. 주희는 속(速)으로 풀이했
는데, 이에 따르면 '사람의 도는 정치에 빠르게 나타나고 땅의 도는 나무
에 빠르게 나타난다.'라고 해석된다.

樹(수) 식(殖)의 뜻이니, 풀과 나무를 생장 번식하게 함이다.

蒲盧(포로) 주희는 포로를 갈대(蒲葦)라 했다. 정치의 효과가 쉽게 자라
는 갈대처럼 빨리 이루어진다는 뜻이 된다. 정현에 따르면, 포로는 과라
(蜾蠃)로 나나니벌(土蜂)을 가리킨다. 『시경』「소아 소완(小宛)」편에 "뽕
나무벌레의 새끼를 취해서 자기 새끼로 기른다.(螟蛉有子, 蜾蠃負之.)"라고
했다.

"故爲政在人, 取人以身, 修身以道, 修道以仁."

"그러므로 정치를 하는 것은 현인을 얻는 데 달려 있습니다. 임금 자신이 몸을 닦아야 현인을 골라 뽑을 수 있으니, 도로써 자신을 수양하고 어짊으로써 도를 닦아야 할 것입니다."

取人以身(취인이신)　정현과 공영달, 그리고 주희는 인(人)을 현명한 사람 혹은 현명한 신하로 보았고, 신(身)은 임금의 수신(修身) 상태를 가리킨다고 했다. 그러나 정약용은 신이 임금이 아니라 등용되는 사람의 수신 상태를 나타내는 것이라고 보았다.

仁者, 人也, 親親爲大. 義者, 宜也, 尊賢爲大. 親親之殺, 尊賢之等, 禮所生也.

"어짊이란 사람다움이니, 가까운 이를 사랑하는 것이 가장 중요합니다. 의로움이란 마땅함이니, 현명한 이를 존중하는 것이 가장 중요합니다. 가까운 이를 사랑함에 있어서 (상복을) 줄여 나가고 현인을 존중함에 있어서 등차를 두는 것이 예가 생기는 까닭입니다."

人(인)　정현에 따르면 인은 '상인우(相人偶)'라 할 때의 인이라 했으니, 서로 가까이하고 안부를 묻고 공경함을 표시하는 것이다.

親親(친친)　정약용에 따르며, 인(仁)이라 더욱 사람과 사람의 사이에서 발생하며, 인이란 이름도 사람과 사람의 사이에서 성립하는 것이다. 군신 간의 의(義), 붕우의 신(信), 목민(牧民)의 자(慈)는 모두 사람과 사람의 본분일 뿐이고 또한 그것이 바로 인이다. 그런데 효제(孝悌)는 인을 행하는 근본이 되는 까닭에 다른 모든 인간관계보다도 부모에 대한 자식의 사랑이 가장 중요하다고 하는 것이다.

宜(의) 일을 알맞게 하는 것이다. 그 사람의 때와 장소, 처지에 맞게 일
을 함을 말한다.

殺(쇄) '줄여 나간다'란 죽은 이를 위하여 입는 상복의 등급을 친족 내
에서의 친분이 많은 사람으로부터 적은 사람으로 점차 줄여 간다는 뜻
이다. 이 문장에서 친친의 방법은 자식이 아버지를 가장 높이는 것인데,
조부, 증조부, 고조부로 올라갈수록 친분의 감소에 따라 상복의 등급을
점차로 낮춰 가고, 또 자신의 아들로부터 손자, 증손자로 내려갈수록 상
복의 등급을 낮춰 가는 것을 의미한다. 참고로 상을 당하면 유가족은
죽은 사람과의 관계에 따라서 각각 다섯 등급의 상복 가운데 한 가지를
입고, 그에 해당하는 각각의 길고 짧은 기간만큼 상중에 거한다. 상복의
종류에는 참최(斬衰)·자최(齊衰)·대공(大功)·소공(小功)·시마(緦麻)가 있
으며, 상기는 3년부터 1년·9개월·5개월·3개월의 차등이 있다.

"在下位不獲乎上, 民不可得而治矣."
**"아래 지위에 있으면서 윗사람에게 신임을 얻지 못하면, 백성을 다스리지 못
할 것입니다."**

해설 정현은 이 구절이 아래에 있는데 이곳에 중복되어 잘못 와 있다고
지적했다. 정약용은 이 구절이 이곳에 있어도 무리가 없다고 했다.

"故君子不可以不脩身. 思脩身, 不可以不事親. 思事親, 不可以不知人.
思知人, 不可以不知天."
**"그러므로 군자는 자신을 수양하지 않을 수 없습니다. 자신을 수양하고자 생
각한다면 어버이를 섬기지 않으면 안 될 것입니다. 어버이를 섬기고자 생각한**

다면 사람에 대하여 알지 않으면 안 될 것입니다. 사람에 대하여 알고자 생각한다면 하늘을 알지 않으면 안 될 것입니다."

知人(지인) 공영달에 따르면, 사람을 아는 것은 사람을 가려 사귈 줄 아는 것이다. 주희에 따르면, 현인을 존경하려면 마땅히 사람을 알아야 한다. 정약용에 따르면, 사람이 사람 되는 까닭을 알아야 하는 것으로 "하늘이 명령한 것을 성(性)이라 하고, 그 성을 따르는 것을 도(道)라 한다.〔天命之謂性, 率性之謂道.〕"라는 이치를 아는 것이다.(『중용자잠』)

知天(지천) 공영달에 따르면, 하늘을 아는 것이란 하늘이 도와주는 바를 알아야 하니, 좋은 일을 하는 사람에게는 하늘이 상을 내리고 좋지 않은 일을 하는 사람에게는 재앙을 내림을 아는 것이다. 주희에 따르면, 어버이를 사랑하는 것에서 (상복을) 줄여 나가고 현인을 존중하는 것에 등차를 두는 것이 천리(天理)이기 때문에, 또한 마땅히 하늘을 알아야 한다.

"天下之達道五, 所以行之者三, 曰君臣也·父子也·夫婦也·昆弟也·朋友之交也. 五者, 天下之達道也, 知·仁·勇三者, 天下之達德也. 所以行之者一也."

"천하 어디서나 항상 통하는 도가 다섯인데, 그것을 행하게 하는 것은 셋입니다. 군신과 부자와 부부와 형제와 벗과의 교제, 이 다섯 가지는 천하 어디서나 항상 통할 수 있는 도리요, 지혜로움과 어짊과 용맹스러움 세 가지는 천하 어디서나 항상 통용될 수 있는 미덕입니다. 그것들을 행할 수 있게 하는 것은 하나입니다."

一(일) 주희에 따르면, 성(誠)을 가리킨다. 그러나 『사기』나 『한서』에서

이 단락을 인용할 때는 일(一) 자가 없다. 이에 근거하여 왕인지(王引之)는 일이 연문(衍文, 군더더기)이라고 생각했다.

해설 공영달에 따르면, 이 다섯 가지 도리를 행하려면 반드시 세 가지 덕이 필요하고, 세 가지 덕이 없으면 일을 과감하게 결단하여 행할 수가 없다. 제왕이 있은 이래로 이 다섯 가지 도리와 세 가지 덕을 행했으니, 그 도리는 하나로서 예나 지금이나 변함이 없다.

주희에 따르면, 달도(達道)는 천하 고금에 누구나 가야 할 길로서, 『서경』에서 말한 오전(五典)이고 『맹자』에 이른바 부자유친, 군신유의, 부부유별, 장유유서, 붕우유신이다. 지(知)는 이것을 아는 것이고 인(仁)은 이것을 몸소 실천하는 것이며, 용(勇)은 이것에 힘쓰는 것이다. 지인용(知仁勇)을 달덕(達德)이라고 말하는 것은 천하 고금에 동일하게 얻은 이치이기 때문이다. 일(一)은 성(誠)일 뿐이다. 달도는 비록 사람들이 공통적으로 따르는 것이지만, 이 세 가지 덕이 없으면 그것을 실행할 수 없다. 달덕은 비록 사람들이 공통적으로 얻은 것이지만, 한 가지라도 진실(誠)하지 않으면 인욕이 거기에 끼어들어 참된 덕이 아니게 된다.

"或生而知之, 或學而知之, 或困而知之, 及其知之, 一也. 或安而行之, 或利而行之, 或勉強而行之, 及其成功, 一也."

"어떤 이는 태어나면서부터 그것을 알고 어떤 이는 배워서 그것을 알게 되며 어떤 이는 곤경에 처해야 배워서 그것을 알게 되나, 그 앎에 이르러서는 모두 똑같습니다. 어떤 이는 편안하여 그것을 행하고 어떤 이는 이로워서 그것을 행하며 어떤 이는 억지로 그것을 행하나, 그 공을 이룸에 있어서는 모두 똑같습니다."

困而知之(곤이지지) 정현은 성장하면서 예의(禮義)에 관한 일들을 보고 자기가 일에 부딪쳐서 부족한 것이 있어야 비로소 배워서 그것을 안다고 했다. 공영달은 일에 닥쳐 곤란함이 있으면 배워서 알게 된다고 했다.

知之(지지), 行之(행지)의 之(지) 정현과 주희 모두 알고 행하는 대상을 달도(達道)라고 풀이했다.

或利而行之(혹리이행지) 정현은 영예로운 이름을 추구해 실행한다고 풀이했다. 공영달은 위에서 말한 오사(五事)를 실행하면 영예로운 이름을 얻게 되고 자신에게 해가 없기 때문에 이롭게 생각해 실행한다고 풀이했다.

或勉强而行之(혹면강이행지) 정현은 다른 사람만 못함을 부끄럽게 여기기 때문에, 공영달은 죄지을까 두려워서 애써 스스로 분발해 실행한다고 풀이했다.

子曰: "好學近乎知, 力行近乎仁, 知恥近乎勇. 知斯三者, 則知所以脩身. 知所以脩身, 則知所以治人. 知所以治人, 則知所以治天下國家矣."
선생님께서 말씀하셨다. "배우기를 좋아하면 지혜로움에 가까워지고, 힘써 좋은 일을 실천하면 어짊에 가까워지며, 부끄러움을 알면 용맹스러움에 가까워진다. 이 세 가지를 알면 어떻게 자신을 수양해야 할지를 알게 된다. 어떻게 자신을 수양해야 하는지 알게 되면 어떻게 사람을 다스리는지 알게 될 것이고, 어떻게 사람을 다스리는지 알게 되면 어떻게 천하 국가를 다스릴지 알게 될 것이다."

子曰(자왈) 주희는 이 두 글자가 연문이라 했다. 『공자가어(孔子家語)』에는 앞 구절의 "급기성공일야(及其成功一也)" 다음에 애공(哀公)의 질문이 있어서 '자왈' 두 글자를 썼지만, 『중용』에서는 애공의 질문이 없는 까닭에 연문이라 본 것이다. 『한서』「공손홍전(公孫弘傳)」에는 '고왈(故曰)'이라고 표기된 것이 잘못되어 자왈로 쓰였다고 한다.

凡爲天下國家有九經, 曰 脩身也, 尊賢也, 親親也, 敬大臣也, 體群臣也, 子庶民也, 來百工也, 柔遠人也, 懷諸候也.

천하 국가를 다스리는 데는 아홉 가지 준칙이 있다. 말하자면 자신을 수양하는 것, 현자를 존중하는 것, 가까운 이를 사랑하는 것, 대신을 공경하는 것, 여러 신하를 자기 몸처럼 받아들이는 것, 백성을 자식처럼 아끼는 것, 온갖 기술 가진 사람을 찾아오게 하는 것, 먼 곳의 사람들을 부드럽게 대하는 것, 그리고 제후들을 포용하는 것이다.

體(체) 정현은 받아들이다[接納]의 뜻이라 했고, 공영달은 여러 신하를 자기 몸처럼 생각하는 것이라고 했다. 주희는 그 사람의 처지에서 그 사람의 마음을 살피는 것이라고 풀이했다.

子(자) 정현과 공영달은 사랑하다[愛]로 풀이했는데, 주희는 부모가 자식을 아끼는 것과 같다고 했다.

來(래) 공영달은 불러들이다[招來]로 풀이했고, 장백잠은 권면하다[勸]로 풀이했다.

遠人(원인) 정현은 제후국[蕃國]의 제후(諸侯), 주희는 나그네[賓旅者]라고 풀이했다.

修身則道立, 尊賢則不惑, 親親則諸父昆弟不怨, 敬大臣則不眩, 體群臣則士之報禮重, 子庶民則百姓勸, 來百工則財用足, 柔遠人則四方歸之, 懷諸侯則天下畏之.

자신을 수양하면 도가 확립되고 현자를 존중하면 미혹되지 않으며, 가까운 이를 사랑하면 백부와 숙부 그리고 형제들이 원망하지 않고, 대신을 공경하면 (대신들의) 일 처리가 분명하게 되며, 여러 신하를 자기 자신처럼 여긴다면 선비들의 보답하는 예가 더욱 정중하게 되고, 백성을 자식처럼 아끼면 백성이 서로 격려하고 충성하며, 온갖 기술을 가진 사람들을 찾아오게 하면 재정이 풍족하게 되고, 먼 곳의 사람들을 잘 대해 주면 사방의 사람들이 찾아오게 되며, 제후들을 포용하면 천하 사람들이 그를 두려워할 것이다.

不惑(불혹) 정현에 따르면, 계획한 일이 잘될 것이라는 뜻이다. 공영달에 따르면, 현인이 보필하니 (애공이) 일을 하는 데 의혹이 없게 되어 계획한 일이 잘될 것이라는 뜻이다. 주희에 따르면, 사리(事理)에 대해서 의심하지 않는다는 뜻이다. 정약용에 따르면, 도(道)에 대해 의혹을 갖지 않는 것이다.

重(중) 공영달에 따르면, 신하가 군주의 은혜에 감복하여 환난의 시기에 군주를 위해 죽을 수도 있는 정도를 말한다.

天下畏之(천하외지) 주희에 따르면, 여러 제후들을 포용하면 덕이 두텁게 베풀어지고 위엄으로 통제하는 지역이 넓어지는 까닭에 천하 사람들이 그를 두려워한다는 뜻이다.

齊明盛服, 非禮不動, 所以脩身也. 去讒遠色, 賤貨而貴德, 所以勸賢也. 尊其位, 重其祿, 同其好惡, 所以勸親親也. 官盛任使, 所以勸大臣也. 忠信重祿, 所以勸士也. 時使薄斂, 所以勸百姓也. 日省月試, 旣廩稱事, 所以勸百工也. 送往迎來, 嘉善而矜不能, 所以柔遠人也. 繼絶世, 擧廢國, 治亂持危, 朝聘以時, 厚往而薄來, 所以懷諸侯也.

재계하여 몸과 마음을 깨끗이 하고 의관을 단정히 차려입고서, 예가 아니면 움직이지 않는 것이 자신을 수양하는 방법이다. 남 헐뜯는 말을 하지 않고 여색을 멀리하며, 재물을 중시하지 않고 덕을 귀히 여기는 것이 현자를 격려하고 고무하는 방법이다. 지위를 높여 주고 봉급을 후하게 주며, 그가 좋아하는 것을 좋아하고 그가 싫어하는 것을 싫어하는 것이 가까운 이를 사랑하는 것을 장려하는 방법이다. 휘하에 관리들을 충분히 두고 (일을) 맡길 수 있도록 하는 것이 대신을 권면하는 방법이다. 충직하고 신의 있는 이에게 봉급을 후하게 주는 것은 선비를 격려하고 고무하는 방법이다. 때에 맞게 일 시키고 세금을 적게 거두는 것은 백성을 격려하고 고무하는 방법이다. 날마다 살피고 달마다 심사하여 그가 한 일에 상응하는 보수를 주는 것이 온갖 기술자를 격려하고 고무하는 방법이다. 떠나는 이를 전송하고 오는 이를 맞이하며 잘하는 이를 칭찬하고 능력 없는 사람을 불쌍히 여기는 것은 먼 곳에 있는 사람들을 잘 대해 주는 방법이다. 끊어진 제후의 세대를 이어 주고 폐망한 제후의 나라를 다시 일으켜 주며, 혼란한 나라를 안정되게 하고 위태로운 나라를 부축해 주며, 때에 맞게 조회하고 빙문하며, 제후에게 보내는 예물은 후하게 하고 받아들이는 공물을 적게 하는 것은 제후들을 포용하는 방법이다.

齊明盛服(제명성복) 공영달에 따르면, 제는 정제(整齊)의 뜻이며, 명은 엄정함(嚴)의 뜻이다. 성복은 그 의관을 단정히 차려입는 것이니, 이것이 수신(修身)의 요체라 했다. 16장의 주해를 참고할 것.

尊其位, 重其祿(존기위, 중기록) 공영달에 따르면, 지위를 높여 주고 봉급을 후하게 하는 것은 귀히 대접하기 위함이지 반드시 관직을 주어 맡기는 것은 아니다.

同其好惡(동기호오) 공영달에 따르면, 좋아하는 일은 상 받는 일이고, 싫어하는 것은 벌 받는 것이다. 종친에 대해서도 친소의 구별이 있어 은혜를 내리고 가까이하는 일이 모두 같지 않다. 이것은 마땅한 도리일 뿐, 특정한 종친을 특별히 좋아하고 싫어하는 차등이 있어서가 아니다.

時使(시사) 정현은 '때에 맞춰 일 시키는(使之以時)'의 뜻이라 했고, 『논어』에는 "때에 맞춰 백성을 부리는(使民以時)" 것이라 했다.

旣廩稱事(희름칭사) 기(旣)는 희(餼)로 읽어야 한다. 희름은 공공 기관에서 주는 양식을 뜻한다. 름(廩)은 『석문(釋文)』에 이르기를 품(稟)이 맞다 했다. 여기서 우리는 보수(報酬)로 풀이했다.

朝聘以時(조빙이시)　제후가 직접 방문해 알현하는 것이 조회이고, 대부를 대신 보내어 알현하는 것이 빙문이다. 『예기』 「왕제(王制)」에 의하면, 매년 한 번 작은 빙문을 하고 3년에 한 번 큰 빙문을 하며 5년에 한 번 조회를 행한다. 정약용은 주희의 해석이 동주 이후의 제도라 비판했다.

厚往而薄來(후왕이박래)　후왕은 제후가 방문을 마치고 자기 나라로 돌아갈 때에 왕이 제후에게 예물을 후하게 주는 것이고, 박래는 제후가 왕에게 공물 바치는 것을 적게 하는 것이다. 이러한 방법을 통해 제후를 포용할 수 있다는 뜻이다.

凡爲天下國家有九經, 所以行之者, 一也. 凡事豫則立, 不豫則廢. 言前定則不跲, 事前定則不困, 行前定則不疚, 道前定則不窮.

일반적으로 천하와 국가를 다스리는 데에는 아홉 가지 준칙이 있는데, 그것을 실행하게 하는 방법은 하나이다. 일은 미리 생각해 두면 이루어지고 미리 생각하지 않으면 망치게 된다. 말하기 전에 미리 생각해 두면 막힘없이 유창하고, 일하기 전에 미리 생각해 두면 일하기가 곤란하지 않으며, 실행하기 전에 미리 생각해 두면 후회하지 않게 되고, 인간의 도리를 실천하는 방법이 미리 준비되면 막히는 일이 없을 것이다.

　一(일)　저현은 미리 준비함(豫)이라 했고, 주희는 진신함(誠)이기 했다.

　해설　정약용은 『중용자잠』에서 이 '구경(九經)' 구절은 지위를 얻은 사람을 위해 그 방법을 진술한 것이고, 다음의 '재하위(在下位)' 구절은 지위를 얻지 못한 사람을 위해 그 뜻을 설명한 것이라고 했다.

在下位不獲乎上, 民不可得而治矣. 獲乎上有道, 不信乎朋友, 不獲乎
上矣. 信乎朋友有道, 不順乎親, 不信乎朋友矣. 順乎親有道, 反諸身
不誠, 不順乎親矣. 誠身有道, 不明乎善, 不誠乎身矣.

아랫자리에 있으면서 윗사람의 신임을 얻지 못하면 백성을 다스릴 수 없다. 윗
사람의 신임을 얻는 데 방법이 있으니, 벗에게 미덥지 않으면 윗사람에게 신임
을 얻을 수 없다. 벗에게 믿음을 얻는 방법이 있으니, 자기 어버이의 뜻에 순조
롭게 따르지 않으면 벗에게 믿음을 얻지 못한다. 어버이의 뜻에 순조롭게 따르
는 방법이 있으니, 자기 자신을 돌이켜 보아 성실하지 않으면 어버이의 뜻에
순조롭게 따르지 못한다. 자기 자신을 성실하게 하는 방법이 있으니, 선행이
무엇인지 알지 못하면 자기 자신을 성실하게 하지 못할 것이다.

善(선) 공영달에 따라 선행이라 해석했는데, 주희는 진지(眞知)와 지성
(至誠)이 있는 곳이라 했다.

誠者, 天之道也. 誠之者, 人之道也. 誠者不勉而中, 不思而得, 從容中
道, 聖人也. 誠之者, 擇善而固執之者也.

성실함은 하늘의 도이고, 성실하려고 하는 것은 사람의 도이다. 성실함이란 애
쓰지 않아도 (선에) 들어맞고 생각하지 않아도 (선을) 얻으며, 자연스럽게 도에
들어맞으니 성인의 경지이다. 성실하려고 하는 것이란 선을 선택하여 굳게 지
켜 나가는 것이다.

해설 앞 구절과 이 구절의 전반은 『맹자』「이루 상(離婁上)」 7-12에서도
보인다. 이런 사상에 근거해서 자사(중용)와 맹자를 함께 묶어 사맹학파
라 부른다.
정현에 따르면, 성실(誠)이란 하늘의 성(天性)이요 성실하려는 것이란 배

위서 성실하고자 하는 것이다. (사람의 도는 마땅히 지극히 성실함의 도를 힘써 배우는 것이기 때문에) 자기 자신을 성실하게 함에 근거하여 크고 지극한 성〔至誠〕을 드러내게 되는 것을 말한다.

공영달에 따르면, 힘쓰지 않아도 절로 선에 맞으며 사려하지 않아도 절로 선을 얻어서 여유롭고 한가롭게 도에 맞으니 성인의 성품은 천도의 자연스러움에 합치한다. 그래서 성인이라 한다. 사람의 도리는 배워서 이 지극한 성을 이루는 것이다. 이것은 현인의 경지를 말하는 것이다. 선한 일을 선택하여 단단하게 잡고 그것을 실행하여 그치지 않으니 마침내 지극한 성을 이룬다는 뜻이다.

주희에 따르면, 성실이란 진실하여 망령됨이 없음〔眞實無妄〕을 일컬으니 천리(天理)의 본연이다. 성실하려는 것이란 아직 진실무망하지 못하여 진실무망하려는 것을 말하는데, 이것이 인사(人事)의 당연(當然)이다. 성인의 덕은 천리와 하나이니 진실무망하여 생각하거나 힘쓸 것도 없이 자연스럽게 도에 맞는다. 이 또한 하늘의 도이다. 아직 성인에 이르지 못하면 인욕의 사사로움이 없을 수 없어서 그 덕스러움이 모두 진실하지는 못하다. 그러므로 생각하지 않고서는 얻을 수 없으니 반드시 선을 선택한 뒤에야 선을 분명하게 알 수 있다. 힘쓰지 않고서도 맞을 수 있던 적은 없었으니 반드시 선을 굳게 잡은 뒤에 자기 자신을 성실하게 할 수 있다. 이것이 곧 이른바 사람의 도이다.

정약용은 『중용자잠』에서 앞뒤 두 '성자(誠者)'는 모두 성인(聖人)을 가리킨다고 했고, 첫 구절에서 말한 '하늘의 도'는 성인의 인격된 경지를 비유한 것이라고 했다.

博學之, 審問之, 愼思之, 明辨之, 篤行之.
(성실해지려고 하는 사람은) 널리 배우고 자세히 캐물으며, 신중하게 생각하고

분명하게 분별하며, 도탑게 실행한다.

> 해설 주희에 따르면, 학(學)·문(問)·사(思)·변(辨)은 지(知)에 대한 것이고 독행(篤行)은 행(行)에 대한 것이다. 정이는 이 다섯 가지 가운데 하나라도 빠뜨리면 학(學)이 아니라 했다.

有弗學, 學之弗能, 弗措也. 有弗問, 問之弗知, 弗措也. 有弗思, 思之弗得, 弗措也. 有弗辨, 辨之弗明, 弗措也. 有弗行, 行之弗篤, 弗措也. 人一能之, 己百之, 人十能之, 己千之. 果能此道矣, 雖愚必明, 雖柔必强.

배우지 않으면 모를까 배우는데도 제대로 하지 못하면 그만두지 않는다. 묻지 않으면 모를까 묻는데도 알지 못하면 그만두지 않는다. 생각하지 않으면 모를까 생각하는데도 터득하지 못하면 그만두지 않는다. 분별하지 않으면 모를까 분별하는데도 분명하지 않으면 그만두지 않는다. 실행하지 않으면 모를까 실행하는데도 도탑게 하지 못하면 그만두지 않는다. 다른 사람이 한 번에 제대로 한다 하더라도 나는 (한 번에 안 되면) 백 번이라도 하고, 다른 사람이 열 번에 제대로 한다 하더라도 나는 (열 번에 안 되면) 천 번이라도 한다. 진실로 이러한 방법대로 실행할 수 있다면, 비록 어리석을지라도 반드시 밝아지고 비록 유약할지라도 반드시 강해질 것이다.

> 果(과) 정현은 결연(決)의 뜻으로 풀이했다.
> 해설 주희는 여기까지를 20장이라 했다.

제21장
自誠明謂之性, 自明誠謂之敎. 誠則明矣, 明則誠矣.

성실함으로부터 밝아지는 것을 본성이라 하고, (선에) 밝음으로 말미암아 성실하게 되는 것을 가르침이라 한다. 성실하니 밝고, (선에) 밝으면 성실해진다.

自(자) 유(由)와 같아서, 말미암는다는 뜻이다.

性(성) 공영달에 따르면, 천성이 지극히 성실함으로 말미암아 몸에 명덕이 있게 되니 이것은 곧 자연 천성이 이와 같다. 그래서 그것을 성이라고 일컫는다.

自明誠(자명성) 공영달에 따르면, 이것은 배워서 성에 이르는 것을 말한다. 자기 자신의 총명함에 말미암아 힘써 학습하여 지성에 이르는 것이지, 천성에 말미암아 가르치고 익히게 하여 그렇게 되게 하는 것이 아니니 교(敎)라고 이른다.

明則誠(명즉성) 밝으면 성실해진다는 것은 자신의 총명함에 근거하여 노력하면 지성에 이를 수 있다는 의미이다. 성실하면 밝아질 수 있고 밝으면 성실할 수 있으니 비록 우열이 나뉠 수는 있어도 지성(至誠)을 가지게 된다는 점에서는 다 통한다.

해설 주희는 이 구절에 대해 다음과 같이 풀이한다. 덕은 진실 되지 않음이 없고 비치지 않은 곳이 없다. 성인의 덕은 성품대로 해서 있게 되는 것이니 천도(天道)이다. 먼저 선을 밝힌 다음에 선을 충실하게 하는 것이 현인의 학으로, 가르침으로 시작하는 것이니 인도(人道)이다. 성하면 밝아지지 않음이 없고, 밝아지면 성에 이를 수 있다.

강약은 『중용재김』에서 다음과 같이 풀이한다. 지성으로 말미암아 밝아지는 것은 성인이고, 밝아짐으로 말미암아 지성스럽게 되는 것은 학자이다. 성(性) 자는 마땅히 요순은 성품대로 한다고 할 때의 성과 같이 읽어야 하니, 이른바 태어나면서부터 알아서 편안하게 행하는 자를 가리킨다. 교라는 것은 가르침을 받은 뒤에야 아는 것이니, 이른바 학지(學知), 곤지(困知), 이행(利行), 면행(勉行)의 부류가 이들이다. 생지와 학지가

해설 ___ 101

성인이 되고 현인이 되고 나면 실제로 차등이 없는 것이다. 그러므로 지성스러우면 밝아진다고 하고, 밝아지면 지성스럽다고 한 것이다.

주희는 여기까지를 21장이라 했다.

제22장

唯天下至誠, 爲能盡其性. 能盡其性, 則能盡人之性. 能盡人之性, 則能盡物之性. 能盡物之性, 則可以贊天地之化育. 可以贊天地之化育, 則可以與天地參矣.

오직 천하에 지극히 성실한 사람이라야 그의 본성을 모두 실현할 수 있다. 그의 본성을 모두 실현할 수 있으면, 다른 사람의 본성을 모두 실현하게 할 수 있다. 다른 사람의 본성을 모두 실현하게 할 수 있으면, 만물의 본성을 모두 실현하게 할 수 있다. 만물의 본성을 모두 실현하게 할 수 있으면, 천지의 화육을 도울 수 있다. 천지의 화육을 도울 수 있으면, 천지와 함께 셋이 될 수 있다.

> 贊天地之化育(찬천지지화육) 정현에 따르면, 화육은 화생(化生)이니 화생은 변화와 생성을 뜻한다. 성인이 천명을 받아 천자의 자리에 있으면서 태평성대를 이룬다는 뜻이다.
> 與天地參矣(여천지참의) 공영달에 따르면, (성인은) 천지의 화육을 도울 수 있으니 그의 공적이 천지와 더불어 나란히 셋이 될 수 있다는 것이다. 이는 천지의 화육에 참여할 수 있음을 말한다.
> 해설 주희는 여기까지를 22장이라 했다.

제23장

其次致曲, 曲能有誠, 誠則形, 形則著, 著則明, 明則動, 動則變, 變則化. 唯天下至誠爲能化.

그다음은 소소한 일을 극진히 하는데, 소소한 일을 하는 데에도 성실함이 있을 수 있다. 성실하면 (그 공적이) 드러나고 드러나면 뚜렷해지며, 뚜렷해지면 빛나게 되고 빛나게 되면 사람의 마음을 감동시키며, 사람의 마음을 감동시키면 악한 마음이 점차 변하게 되고 변화해 오래되면 선한 사람으로 완전히 바뀐다. 오직 천하에 지극히 성실한 사람이라야 변화시킬 수 있다.

其(기) '자명성(自明誠)'을 가리킨다. 현인에 대하여 일컬은 것이다. 21장 참조.

致曲(치곡) 치는 극진히 한다는 뜻이다. 곡에 대해 정현은 '소소한 일[小小之事]'이라 했고, 주희는 '일편(一偏)', 즉 부분적인 일로 풀이했다. 정약용은 『주역』의 "곡성만물이불유(曲成萬物而不遺)"의 곡으로 보고 치곡을 '구석구석 다 살펴 빠뜨리지 않는다', '마음을 곡진히 쓴다', '매사에 빈틈없이 한다'는 뜻으로 풀이했다.

形(형) 정현에 따르면, 사람들이 그 공적을 보게 되는 것을 일컫는다. 주희에 따르면, 속에 쌓여서 밖으로 나타나는 것이다.

著(저) 정현에 따르면, 그것이 크게 나타난다는 것이다. 주희에 따르면, 현(顯)으로 더욱 드러난다는 뜻이다.

明(명) 정현에 따르면, 그것이 뚜렷이 나타난다는 것이다. 주희에 따르면, 빛이 나서 밖으로 성대하게 발산하는 것이다.

動(동) 정현에 따르면, 사람이 마음을 감동시킨다는 것이다. 주희에 따르면, 성이 사물을 감동시키는 것이다.

變(변), 化(화) 정현에 따르면, 변이란 악을 고쳐서 선이 되게 하는 것이다. 그렇게 오래 계속하면 바뀌어서 본성이 선하게 된다. 주희에 따르면, 사물이 감동되어 바뀌는 것이 변이고, 완전히 바뀌어 옛 자취가 없는 것이 화이다.

제24장

至誠之道, 可以前知. 國家將興, 必有禎祥. 國家將亡, 必有妖孽. 見乎
蓍龜, 動乎四體, 禍福將至, 善必先知之, 不善必先知之, 故至誠如神.

지극히 성실하게 되면 미리 (앞일을) 알 수 있다. 국가가 흥성하려고 할 때는
반드시 상서로운 조짐이 있고, 국가가 망하려고 할 때는 반드시 재앙의 조짐
이 있다. (이것이) 시초점과 거북점에 나타나는데 괘(卦)의 조짐으로 거북의 사
지에서 드러난다. 화나 복이 오려고 할 때, 복도 반드시 먼저 알고 화도 반드시
먼저 안다. 그러므로 지극히 성실함은 귀신처럼 신묘하다.

> 至誠之道(지성지도) 지성의 경지에 이르게 되면 일들의 조짐을 보고
> 그 일의 추세를 알 수 있다.
> 禎祥(정상) 복(福)의 조짐을 뜻한다.
> 妖孽(요얼) 화(禍)의 싹을 뜻한다.
> 動乎四體(동호사체) 공영달에 따르면, 괘의 조짐이 거북의 사지(四肢)
> 에서 발동하는 것이다. 봄에는 뒷다리의 왼쪽을 점치고, 여름에는 앞다
> 리의 왼쪽을 점치고, 가을에는 앞다리의 오른쪽을 점치고 겨울에는 뒷
> 다리의 오른쪽으로 점친다. 주희는 사체를 사람의 동작과 위의(威儀)로
> 보았다.
> 善(선), 不善(불선) 좋은 것과 좋지 않은 것이니, 복과 화를 의미한다.
> 至誠如神(지성여신) 주희는 신을 귀신으로 보았다. 지성하면 영험하기
> 가 귀신과 같다는 말이다.
> 해설 주희는 여기까지를 24장이라 했다.

제25장

誠者自成也, 而道自道也.

성실함이란 (사람이) 스스로 (자신을) 완성하는 근거이고, 도는 (사람이) 스스로 가야 할 길이다.

誠者自成也(성자자성야) 공영달에 따르면, 사람은 지성의 덕을 갖출 수 있으니 스스로 자기 자신을 성취할 수 있다. 주희에 따르면, 성이란 사물이 스스로를 완성하는 근거이다.

道自道也(도자도야) 공영달에 따르면, 앞의 도는 학문과 기능[道藝]을 갖고 있는 사람이다. 예(藝)는 육예(六藝)와 같은 것으로서, 도를 구체적으로 실천할 수 있는 능력을 뜻한다. 뒤의 도는 정현에 따르면 인도한다[導]는 뜻이다. 공영달은 학문과 기능이 있는 사람은 스스로 자기 자신을 막힘없이 잘 통하게 할 것이라고 풀이했다. 주희에 따르면, 도란 사람이 마땅히 스스로 실행해야 하는 것이다. 이 구절의 해석은 주희의 주석을 따랐다.

誠者物之終始, 不誠無物. 是故君子誠之爲貴.

성실함이란 사물의 시작과 끝이니, 성실하지 않으면 어떤 사물도 없다. 그러므로 군자는 성실하려 하는 것을 귀하게 여긴다.

해설 성(誠)은 사물로 하여금 그 시작을 이루고 그 끝을 이루게 하는 '생생(生生)의 도(道)'이다. 만일 성하지 않다면, 사물이라는 존재는 없다. 이 때의 사물은 우선 행위를 가리킨다. 예를 들어, 부모에게 효도하고 어른을 공경하는 행위에는 반드시 효도와 공경의 마음이 있어야 그 효도와 공경이 비로소 진실한 것이 된다. 만일 마음이 성하지(진실하지) 못하다면, 즉 효도와 공경의 마음이 없다면 때로는 효도와 공경의 행위가 있다고 하더라도 또한 가식일 뿐이어서 어떤 의미도 가질 수 없다. 그러므로 성을 치워 버린다면, 도덕이라는 행위는 없어져 버린다. 이런 주장을 보편화한다면, '성하지 않으면 사물이라는 존재는 없다'고 말할 수 있을 것이다. 성은 천도(天道)이다. 천도가 없다면, 당연히 사물도 있을 수 없다. 마찬가지로, 사람이 성하지 못하다면 그의 생명 활동 또한 전부 의미를 잃게 되어 비록 존재하더라도 존재하지 않는 것과 같을 것이다.

誠者非自成己而已也, 所以成物也. 成己, 仁也. 成物, 知也. 性之德也, 合外內之道也. 故時措之宜也.

성실함이란 스스로 자기 자신을 이루는 데 그치는 것이 아니라, 자기 이외의 것들도 이루게 한다. 자기 자신을 이루는 것은 어짊이요, 자기 이외의 것들을 이루게 하는 것은 지혜로움이다. (이는 자신이 부여받은) 본성의 덕이요, 안과 밖을 합하는 도리이다. 그러므로 수시로 사용해도 모두 마땅하다.

物(물) 기(己)와 상대되는 개념으로, 자기 이외의 모든 사람과 사물을 포괄한다.

性之德也(성지덕야) 공영달에 따르면, 인의예지신 다섯 가지는 모두 지성(至誠)에 말미암아서 덕이 되기 때문에 성의 덕이라고 하였다.

合外內之道也(합외내지도야) 공영달에 따르면, 지성의 실행은 안과 밖을 합하는 도로 안과 밖을 불문하고 모두 지성해야 한다는 말이다. 사람의 경우에는 자신의 일과 자기 밖의 일이 있다. 만물의 경우에 안과 밖은 위아래를 가리킨다. 위는 하늘을 말하고 아래는 땅을 가리킨다. 하늘은 높고 밝아서 밖이 되고, 땅은 넓고 두터워서 모든 것을 감싸 안으니 안이 된다. 그래서 지성은 하늘과 땅을 합하는 도리이다. 주희에 따르면,

인(仁)은 성의 체(體)이고 지(知)는 성의 용(用)이니, 안팎의 다름이 없다.

時措之宜(시조지의) 공영달에 따르면, 때에 맞춰 쓴다면 합당하지 않은 바가 없다는 뜻이다. 주희에 따르면, 수시로 사용해도 모두 그 마땅함을 얻는다는 뜻이다. 이는 20장에서 말한 "불면이중, 불사이득, 종용중도(不勉而中, 不思而得, 從容中道)"와 같은 맥락으로 볼 수 있다.

<u>해설</u> 주희는 여기까지를 25장이라 했다.

제26장

故至誠無息, 不息則久, 久則徵, 徵則悠遠, 悠遠則博厚, 博厚則高明.

그러므로 지극히 성실함은 쉼이 없다. 쉬지 않으니 오래가고, 오래가니 효험이 있다. 효험이 있으니 유원하고, 유원하니 넓고 두터워진다. 넓고 두터우니 높고 밝아진다.

久則徵(구즉징) 공영달에 따르면, 징은 징험(徵驗)이다. 지성이 오랫동안 실행되었기 때문에 징험이 생긴다는 말이다. 그러나 주희에 따르면, 구는 항상 마음에 있다는 뜻이고 징은 그래서 밖으로 효험이 드러난다는 뜻이다. 그러므로 두 경우 모두 오래되면 실제로 드러난다는 뜻이다.

博厚所以載物也, 高明所以覆物也, 悠久所以成物也. 博厚配地, 高明配天, 悠久無疆.

넓고 두터움으로 만물을 떠받치고, 높고 밝음으로 만물을 감싸 안아 주며, 유구함으로 만물을 이룬다. 넓고 두터움은 땅에 어울리고 높고 밝음은 하늘에 어울려서 유구하고 무궁하다.

공영달은 다음과 같이 설명했다. 지성의 덕이 넓고 두텁기 때문에 만물을 실을 수 있고 그 공업(功業)이 높고 밝기 때문에 만물을 뒤덮을 수 있다. 싣고 뒤덮는 일이 오래 지속되어 만물을 완성하게 된다. 이것이 바로 지성의 덕이다. 성인의 덕은 넓고 두터워서 땅과 짝하여 함께 만물을 싣는다. 성인의 공업은 높고 밝아서 하늘과 짝하여 함께 만물을 뒤덮는다. 성인의 덕이 이미 뒤덮고 실을 수 있으며 또한 오랫동안 그것을 실행할 수 있기 때문에 무궁한 것이다.

如此者, 不見而章, 不動而變, 無爲而成, 天地之道, 可一言而盡也.

이와 같은 것은 드러내지 않아도 뚜렷이 드러나고 움직이지 않아도 변화하며 인위적이지 않아도 이루어지니, 천지의 도는 지극히 성실함이란 말로 다할 수 있다.

可一言而盡也(가일언이진야) 정현은 일언이 곧 지성(至誠)이라 풀이했다.

其爲物不貳, 則其生物不測.

그 물건 됨은 둘이 아닌 하나로서 지극히 성실함일 뿐이니, 그것이 사물을 생성하는 것을 헤아릴 수 없다.

其爲物(기위물) 정현에 따르면, 이 문구 전체가 지성을 가리킨다. 지성 그 자체가 순일(純一)하여 한결같다는 뜻이다.

天地之道博也, 厚也, 高也, 明也, 悠也, 久也.

천지의 도는 넓고 두터우며, 높고 밝으며, 유원하고 장구하다.

今夫天, 斯昭昭之多, 及其無窮也, 日月星辰繫焉, 萬物覆焉. 今夫地,
一撮土之多, 及其廣厚, 載華嶽而不重, 振河海而不洩, 萬物載焉. 今
夫山, 一卷石之多, 及其廣大, 草木生之, 禽獸居之, 寶藏興焉. 今夫水,
一勺之多, 及其不測, 黿鼉蛟龍魚鼈生焉, 貨財殖焉.

이제 저 하늘은 이처럼 작은 빛이 많이 모인 것이니, 그것이 무궁하게 되면 해
와 달과 별들이 거기에 매이고 만물이 그에 의해 덮인다. 이제 저 땅은 한 줌
흙이 많이 모인 것이니, 그것이 넓고 두텁게 쌓이면 높고 큰 산을 싣고서도 무
거워하지 않고 온갖 강과 바다를 거둬들이고서도 새 나가지 않게 하여 만물이
거기에 실린다. 이제 저 산은 주먹만 한 돌이 많이 모인 것이니, 그것이 넓고 크
게 쌓이면 풀과 나무가 거기에서 자라며 새와 짐승이 거기에서 살고 온갖 보배
로운 자원이 거기에서 생겨난다. 이제 저 물은 한 국자의 물이 많이 모인 것이
니, 그것이 헤아릴 수 없을 만큼 큰 물이 되면 큰 자라와 악어, 교룡과 용, 물
고기와 자라가 거기에서 자라며 갖가지 재화가 거기에서 번식하게 된다.

昭昭(소소) 정현에 따르면 '경경(耿耿)'과 같으니 작은 빛(昭明)이다. 주
희도 이를 좇았다. 공영달은 협소한 모습이라고 보았다.

華嶽(화악) 공영달은 오악(五岳), 즉 태산(泰山)·항산(恒山)·숭산(嵩山)·
태산(華山)·형산(衡山)이라고 했다.

詩曰: "惟天之命, 於穆不已." 蓋曰天之所以爲天也. "於乎不顯, 文王之
德之純." 蓋曰文王之所以爲文也, 純亦不已.

『시』에 이르기를 "아아, 하늘의 명이여! 오오, 그침이 없구나!"라고 했으니,

이는 하늘이 하늘 되는 까닭을 말한 것이다. "아아, 밝고도 환하지 않은가! 문왕의 덕의 순일함이여!"라고 했으니, 이는 문왕이 문왕 되는 까닭으로, 순일함이 또한 그침 없다는 것이다.

詩(시) 『시경』「주송(周頌) 유천지명(維天之命)」편이다.

惟(유) 발어사(發語辭)로서 뜻이 없다.

於(오) 감탄사로 음은 '오(嗚)'이다.

穆(목) 공영달은 아름답다[美]의 뜻으로, 주희는 심원(深遠)하다의 뜻으로 풀이했다.

顯(현) 공영달은 밝고 환함[光明]의 뜻으로 풀이했다.

純(순) 공영달은 "부잡(不雜)"으로, 주희는 "순일부잡(純一不雜)"으로 풀이했다.

해설 주희는 여기까지를 26장이라 했다.

제27장

大哉聖人之道, 洋洋乎發育萬物, 峻極于天.

위대하구나, 성인의 도는 곳곳에 충만하여 만물을 발육시키니, 지극한 높기가 하늘에 이르는구나!

洋洋(양양) 공영달에 따르면, 도덕이 충만한 모습이다.

育(육) 정현은 생(生)의 뜻으로 풀이했다.

峻(준) 정현과 주희 모두 높고 큰 것으로 풀이했다.

優優大哉, 禮儀三百, 威儀三千, 待其人然後行, 故曰: "苟不至德, 至道不凝焉."

여유롭게 드넓구나, 예의가 300가지요 위의가 3000가지니, 그 사람을 만난 다음에야 시행될 것이다. 그러므로 진실로 지극한 덕을 지닌 사람이 아니라면 지극한 도가 이루어지지 않는다고 말한다.

優優(우우) 공영달은 관대하고 여유로운 모습으로, 주희는 충족되고도 남음이 있는 것이라 풀이했다.

禮儀(예의) 예에는 삼례(三禮)가 있으니, 이에 관련된 세 경전에는 『주례(周禮)』, 『의례(儀禮)』, 『예기』가 있다. 여기서의 예의는 『주례』를 중심으로 말하고 있다. 『주례』에는 360종류의 관직[周官]이 있고, 관직에 따라 각각 해야 할 일과 지켜야 할 예법이 있다. 주희는 이를 경예(經禮), 즉 중요하고 핵심적인 예라 했다.

威儀(위의) 『의례』에는 3300가지의 시행 세칙이 실려 있다. 주희는 이를 곡례(曲禮)라 했다.

待其人然後行(대기인연후행) 공영달에 따르면, 3300가지의 예는 반드시 현인을 만난 후에 시행할 수 있다는 뜻이다. 여기에서 '연후행(然後行)'은 주희 등의 판본에서는 '이후행(而後行)'으로 적혀 있다.

凝(응) 정현은 이루다[成]의 뜻으로, 주희는 모으다[聚], 이루다[成]의 뜻으로 풀이했다.

故君子尊德性而道問學, 致廣大而盡精微, 極高明而道中庸, 溫故而知新, 敦厚以崇禮.

그러므로 군자는 덕성을 받들면서도 묻고 배움에서 말미암으니, 광대함에 이르면서도 정밀하고 미세한 것을 다하고, 높고 밝음을 극진히 하면서도 중용에 통하며, 옛것을 익혀서 새로운 일을 알고 돈후함으로 예를 존숭한다.

尊德性(존덕성) 공영달에 따르면, 존은 존경의 뜻이고 덕성은 성인의 지성(至誠)을 가리킨다. 주희에 따르면, 존은 공경하여 받든다는 뜻이고, 덕성은 내가 하늘로부터 받은 바른 이치이다.

道問學(도문학) 정현에 따르면 도는 말미암다(由)의 뜻이고, 문학은 '지성(至誠)에 이르고자 묻고 배우는 것(學誠)'이다.

道中庸(도중용) 여기에서의 도는 공영달에 따르면, 통(通)한다는 뜻으로 중용의 이치에 통달할 수 있음을 말한다.

是故居上不驕, 爲下不倍. 國有道, 其言足以興. 國無道, 其黙足以容.

이런 까닭에 높은 자리에 앉아도 교만하지 않고 아랫사람이 되어도 어지럽히지 않는다. 나라에 도가 있을 때 그의 말은 자신을 일으킬 수 있고, 나라에 도가 없을 때는 그의 침묵이 받아들여질 수 있다.

興(흥) 정현과 주희는 흥기하여 지위를 갖게 된다는 뜻으로 풀이했다. 공영달에 따르면, 나라에 도가 있을 때는 군자가 그 지략을 다하므로 그의 말은 나라를 흥성하게 할 수 있다는 뜻이다.

容(용) 공영달에 따르면, 자신의 침묵이 용납되어 화를 면할 수 있다는 뜻이다.

詩曰: "旣明且哲, 以保其身." 其此之謂與?

『시』에 이르기를 "밝고도 지혜로워서 그 자신을 보전하리라."라고 하니, 이것을 일컫는 것이 아닐까?

詩(시) 『시경』「대아 증민(烝民)」편이다.

旣明且哲(기명차철) 『시경』의 원의는 '선악을 분명하게 할 뿐 아니라 시비를 똑똑하게 가릴 줄 아는 것'으로 풀이된다.

해설 주희는 여기까지를 27장이라 했다.

제28장

子曰: "愚而好自用, 賤而好自專, 生乎今之世, 反古之道, 如此者, 栽及其身者也."

선생님께서 말씀하셨다. "어리석은데도 자기만 옳다고 여기고 지위가 낮은데도 제멋대로 하며 지금 세상에 살면서 옛 방식만을 고집한다면, 이와 같이 하는 사람은 재앙이 그의 몸에 미칠 것이다."

自用(자용) 자기가 (스스로) 옳다고 믿는다(여긴다)는 말이다.

自專(자전) 제멋대로 하다, 자기 뜻대로 하다의 뜻이다.

反古之道(반고지도) 반(反)은 공영달에 따르면 잡다, 견지하다(持)의 뜻이고, 주희에 따르면 돌이키다(復)의 뜻이다. 정현에 따르면, 한 가지 방식만을 알 뿐 현재 임금의 새로운 정치가 따를 만하다는 것을 모른다는 의미이다. 공영달은 "중용을 할 수 없다면 알맞게 일을 할 수 없어서 재앙이 미칠 것"이라는 뜻으로 이 문장의 대의를 풀이했다.

栽(재) 재(災)와 같아서 재앙의 뜻이다.

"非天子不議禮, 不制度, 不考文."

"천자가 아니면 예법을 논의하지 못하고, 법도를 제정하지 못하며, 문자를 고찰하여 정하지 못한다."

禮(예) 정현에 따르면, 사람이 기꺼이 따르는 것이다. 주희에 따르면, 친소 귀천 등의 구별에 따라 사람들이 서로를 대접하는 예절이다.

度(도) 정현에 따르면, (제후와 사대부의) 성(城)과 고을 및 궁실의 크기, 수레 등의 등급 제도이다. 주희에 따르면, 제한 혹은 규제[品制]이다.

文(문) 정현과 주희 모두 "서명(書名)"이라 풀이했는데, 공영달은 그것을 "문장과 서적의 명칭"이라고 설명했다. 이때의 명칭은 지금의 문자에 해당한다.

"今天下車同軌, 書同文, 行同倫."
"오늘날 천하의 수레는 바퀴의 폭을 같이하고, 글은 문자를 같이하며, 행실은 규범을 같이한다."

今(금) 정현과 공영달은 '공자 당시(當時)'라 했고, 주희는 '자사(子思) 당시'라고 했다. 근자에 어떤 이는 진시황이 천하를 통일한 시기라고 주장하기도 한다.

車同軌(거동궤) 공영달에 따르면 궤(軌)는 앞 구절의 도(度)에 해당한다. 그에 따르면 깃발, 복색, 도량형 등에 동일한 문물제도가 천자에 의해 제정되어 사용됨을 상징적으로 의미한다고 볼 수 있다. 주희에 따르면 궤는 궤적(軌迹)의 치수이다.

行同倫(행동륜) 공영달에 따르면, 륜(倫)은 도(道)이니 사람의 행실은 모두 동일한 도리를 따르는 것으로, 앞 구절의 '불의례(不議禮)'를 다시 설명한 것이다. 주희는 륜을 '순서의 체(體)'로 풀이했으니, 다양하고 구체적인 예식(禮式)을 가능케 하는 예(禮)의 뼈대로 이해된다.

"雖有其位, 苟無其德, 不敢作禮樂焉. 雖有其德, 苟無其位, 亦不敢作禮樂焉."

"비록 천자의 지위를 가졌을지라도, 진실로 그에 어울리는 덕이 없으면 감히 예악 제도를 제작하지 못한다. 비록 성인의 덕을 가졌을지라도, 진실로 천자의 지위를 갖지 못하면 감히 예악 제도를 제작하지 못할 것이다."

子曰: "吾說夏禮, 杞不足徵也. 吾學殷禮, 有宋存焉. 吾學周禮, 今用之, 吾從周."

선생님께서 말씀하셨다. "내가 하나라의 예를 말해도 (하나라의 후예인) 기나라가 (그것을) 증명할 수 없다. 나는 은나라의 예를 배웠는데 (은나라의 후예인) 송나라가 그것을 보존하고 있다. 나는 주나라의 예를 배웠는데 지금 이것을 쓰고 있으니, 나는 주나라를 따르겠다."

徵(징) 공영달은 이룬다〔成〕, 밝힌다〔明〕로 풀이하고, 주희는 증명하다〔證〕의 뜻으로 풀이했다.

杞不足徵也(기부족징야) 공영달에 따르면, 기나라는 하나라의 예를 행하고 있지만 그 군주가 사리에 밝지 못하고 나약해서 공자가 그를 도와 하대의 예를 충분히 밝혀낼 수가 없는 것이다.

有宋存焉(유송존언) 『논어』 「팔일(八佾)」 편에는 "송부족징야(宋不足徵也)"라고 냈나. 이네 ㅡ기아너 ㅎ닝일은 ㅎ 니더시 ㅿ대의 ㅅㅔㅔㄹ 고ㄹ거 고는 있지만, 현자의 부족이나 현명하지 못한 군주 때문에 그것을 충분히 실현해 낼 수가 없다고 풀이했다.

해설 주희는 이 구절을 이렇게 설명한다. 삼대의 예에 대해 공자는 일찍이 그것들을 모두 배워서 그 뜻을 말할 수 있었다. 그러나 하례는 이미 고증할 수가 없고, 은례는 비록 보존되어 있으나 또 당세의 법이 아니다.

오직 주나라의 예만이 당시 천자의 제도로 사용되고 있었다. 공자는 천자의 자리를 얻지 못했으니 주나라를 따를 뿐이다.

주희는 여기까지를 28장이라 했다.

제29장

王天下有三重焉, 其寡過矣乎!

천하를 다스리는 이에게는 존중해야 할 일이 세 가지가 있으니, 그렇게 한다면 아마 과오를 줄일 수 있지 않을까!

> 三(삼) 정현은 하·은·주(夏殷周) 삼왕(三王)의 예(禮)로 보았는데, 주희는 여대림(呂大臨)을 인용하여 의례(議禮), 제도(制度), 고문(考文)으로 보았다.
>
> 重(중) 공영달에 따르면, 하·은·주 삼왕의 예를 존중하는 일이다. 그러나 일반적으로 천하를 다스리는 데 있어 중대한 일이나 가장 중요한 원칙으로 해석하곤 한다.

上焉者, 雖善無徵, 無徵不信, 不信, 民弗從. 下焉者, 雖善不尊, 不尊不信, 不信, 民弗從.

임금이 비록 선행을 해도 분명한 증거가 없다면 신하들이 믿지 않을 것이고, 신하들이 믿지 않으면 백성들이 따르지 않을 것이다. 신하가 비록 선행을 해도 임금을 존경하지 않는다면 아랫사람에게 신임을 받지 못할 것이고, 신임을 받지 못하면 백성들이 따르지 않을 것이다.

> 上焉者(상언자), 下焉者(하언자) 정현과 공영달은 군주와 신하로 보았

고, 주희는 하상대(夏商代)와 그 이후로 보았다.

善(선) 정현과 공영달은 선행으로 풀었고, 주희는 잘하다, 좋다의 뜻으로 풀었다.

해설 주희에 따르면 이 구절은 다음과 같이 해석된다. 하상대의 예는 비록 좋을지라도 고증하기 어렵다. 고증하기 어렵기 때문에 백성들이 따르지 않는다. 공자와 같은 후세 사람은 비록 예에 밝지만 지존(至尊)의 자리에 있지 않아서 백성들이 따르지 않는다.

故君子之道, 本諸身, 徵諸庶民, 考諸三王而不繆, 建諸天地而不悖, 質諸鬼神而無疑, 百世以俟聖人而不惑. "質諸鬼神而無疑", 知天也. "百世以俟聖而不惑", 知人也.

그러므로 군자의 도는 자신으로부터 시작하여 백성에게서 입증되도록 하고, 하은주 삼대의 왕에게 상고(詳考)해 보아도 틀리지 않으며, 천지 사이에 세워 보아도 어긋나지 않고, 귀신에게 물어보아도 의혹이 없으며, 오래 뒤의 후세 성인을 기다려 보아도 의혹이 없어야 할 것이다. "귀신에게 물어보아도 의혹이 없다."라는 것은 하늘의 도를 아는 것이다. "오래 뒤의 후세 성인을 기다려 보아도 의혹이 없다."라는 것은 사람의 도를 아는 것이다.

鬼神(귀신) 공영달은 음양이 변화하는 방식으로 만물을 생성하는 것이라 풀이했고, 주희는 조화(造化)의 자취라고 풀이했다.

是故君子動而世爲天下道, 行而世爲天下法, 言而世爲天下則. 遠之則有望, 近之則不厭.

그러므로 군자가 거동하면 대대로 천하 사람들의 법도가 되고, 실행하면 대대로 천하 사람들의 본보기가 되며, 말하면 대대로 천하 사람들에게 표준이 될 것이다. 그에게서 멀리 있으면 몹시 그리워하고, 가까이 있으면 매우 사랑하게 된다.

動(동) 주희에 따르면 행(行)과 언(言)을 겸하여 말한다.

動(동), 行(행), 言(언) 행동거지와 실천, 이론적 설명으로 풀이된다.

道(도), 法(법), 則(칙) 주희에 따르면, 도는 법과 칙을 겸해 말한 것이고, 법은 법도(法度), 칙은 준칙(準則)이라 했는데, 여기서는 표준으로 해석했다.

詩曰: "在彼無惡, 在此無斁, 庶幾夙夜, 以永終譽." 君子未有不如此而蚤有譽於天下者也.

『시』에 이르기를 "거기에서도 미워하는 이가 없고 여기에서도 싫어하는 사람이 없으니, 거의 매일 이른 아침부터 밤늦게까지 (최선을 다해서) 오래도록 아름다운 명성을 다하리로다."라고 했다. 군자가 이렇게 하지 않고서 일찍이 천하에 명성을 떨친 이가 없었다.

詩(시) 『시경』 「주송 진로(振鷺)」 편이다.

斁(역) 정현과 주희 모두 싫어하다〔厭〕의 뜻으로 풀이했다.

永(영) 정현은 오래〔長〕의 뜻이라 했다.

해설 주희는 여기까지를 29장이라 했다.

제30장

仲尼祖述堯舜, 憲章文武, 上律天時, 下襲水土.

공자는 요임금과 순임금의 도를 시원으로 삼아 계승하고 문왕과 무왕의 덕을 본보기로 삼아 밝혔으며, 위로는 하늘의 운행을 본받고 아래로는 자연의 형세에 따랐다.

> 祖述(조술) 공영달에 따르면 조는 시원(始)의 뜻이니, '요순의 도를 시원으로 삼아서 계승하다'의 뜻이 된다. 그래서 주희는 "멀리 그의 도리를 조종(祖宗)으로 삼아 받들다."로 풀이했다.
>
> 憲章(헌장) 공영달에 따르면, 헌은 본받다(法), 장은 밝다(明)의 뜻이다.
>
> 律(율) 공영달은 잇다, 따르다(述)의 뜻으로, 주희는 본받다(法)의 뜻으로 풀이했다.
>
> 襲(습) 공영달, 주희 모두 의거하다(因)로 보았는데, 여기에서는 '따르다'는 뜻으로 풀이했다.
>
> 해설 정현에 따르면, 이 글귀는 『춘추(春秋)』에 담긴 뜻에 근거해 공자의 덕을 설명한 것이다.

辟如天地之無不持載, 無不覆幬. 辟如四時之錯行, 如日月之代明. 萬物並育而不相害, 道並行而不相悖, 小德川流, 大德敦化, 此天地之所以爲大也.

비유하자면 천지가 만물을 다 실어 주고 다 감싸 덮어 주는 것과 같다. 비유하자면 사계절이 번갈아 돌며 해와 달이 번갈아 비추어 주는 것과 같다. 만물이 함께 길러지지만 서로 해치지 않고 (갖가지) 도가 함께 행해지더라도 서로 어그러지지 않는다. 작은 덕은 시냇처럼 흐르고 큰 덕은 돈후하게 화육하니, 이것이 천지가 위대한 까닭이다.

> 小德(소덕), 大德(대덕) 공영달은 소덕은 점차적으로 만물의 싹을 적셔

주는 것으로 제후의 덕을 비유하고, 대덕은 만물을 왕성하게 생육하도
록 하는 것으로 천자의 덕을 비유한 것으로 보았다. 주희는 서로 해치지
않고 서로 어그러지지 않는 것을 소덕으로 보았고, 함께 길러 주고 함께
행해지는 것을 대덕으로 보았다.

해설 주희는 여기까지를 30장이라 했다.

제31장

唯天下至聖爲能. 聰明睿知, 足以有臨也. 寬裕溫柔, 足以有容也. 發
强剛毅, 足以有執也. 齊莊中正, 足以有敬也. 文理密察, 足以有別也.

**오직 천하의 지극한 성인이어야 할 수 있다. (성인의) 총명과 예지는 (천하 사람
들을) 가깝게 대할 수 있다. 관대함과 온유함은 (사람들을) 포용할 수 있다. 강
직함과 굳건함은 (일들을) 결단할 수 있다. 장중함과 단정함은 (천하 사람들의)
존경을 받을 수 있다. 조리 있고 면밀함은 (사리를) 분별할 수 있다.**

> 聰明睿知(총명예지) 주희는 이를 태어나면서부터 아는 자질[生知之質]
> 이라 보았고, 그다음의 네 가지는 각각 인의예지의 덕을 가리킨다고 보
> 았다.
> 發(발) 공영달은 일으키다[起]라는 의미로 '뜻을 일으키다[發起志意]'라
> 고 풀이했다.
> 執(집) 공영달은 결단하다[斷]의 뜻으로 풀이했다.
> 文理密察(문리밀찰) 주희에 따르면, 문은 문장이고 리는 조리(條理)이
> 며, 밀은 상세함이고 찰은 밝게 분변함이다.
> 해설 정현에 따르면, 이 문장은 덕이 위와 같지 않으면 세상의 임금이
> 될 수 없다는 뜻이다.

溥博淵泉, 而時出之.

(성인의 은택이) 널리 미치고 광대하며 심원하여 때에 맞추어 정치 교화로 표현
된다.

溥博(부박) 공영달에 따르면, 부는 '두루 다 미친다[無不周徧]'는 뜻이
고, 박은 '광대[廣遠]한 것'을 뜻한다.

淵泉(연천) 깊고 고요하나 본원이 있음을 표현한다.

時出之(시출지) 공영달에 따르면, 심려가 깊고 신중하여 제때가 아니면
내보이지 않는다. 그래서 정치 교화는 반드시 때를 기다려서 표현한다는
뜻으로 풀이했다. 주희는 위 구절에서 언급된 다섯 가지의 덕이 안에 가
득히 쌓여, 때맞춰 밖으로 드러나는 것으로 보았다.

"溥博"如天, "淵泉"如淵, 見而民莫不敬, 言而民莫不信, 行而民莫不
說. 是以聲名洋溢乎中國, 施及蠻貊, 舟車所至, 人力所通, 天之所覆,
地之所載, 日月所照, 霜露所隊, 凡有血氣者, 莫不尊親, 故曰"配天".

"(성인의 은택이) 널리 미치고 광대한 것"은 하늘과 같고 "심원한 것"은 깊은 연못
과 같아서, (성인이 자신을) 드러내면 사람들이 공경하지 않음이 없고, 말하면
사람들이 믿지 않음이 없으며, 실행하면 사람들이 기뻐하지 않음이 없다. 이
때문에 명성이 나라 안에 가득 차 넘쳐서 나라 밖 이민족에게까지 미치며, 배
와 수레가 이르는 곳과 사람의 힘이 통하는 곳, 하늘이 덮어 주는 것과 땅이
실어 주는 것, 해와 달이 비추는 곳과 서리와 이슬이 내리는 곳에 무릇 혈기가
있는 것들이 존경하고 친애하지 않음이 없다. 그러므로 "하늘과 짝이 된다."
라고 말한다.

해설 주희는 여기까지를 31장이라 했다.

제32장

唯天下至誠, 爲能經綸天下之大經, 立天下之大本, 知天地之化育.

오직 천하에서 지극히 성실한 사람이라야 천하의 커다란 원칙을 경륜할 수 있고, 천하의 커다란 근본을 세울 수 있으며, 천지가 만물을 화육함을 알 수 있다.

至誠(지성) 정현에 따르면, 지극히 성실한 사람은 바로 공자를 가리킨다.
經綸(경륜) 주희에 따르면, 경륜이란 실〔絲〕을 다스리는 일인데, 경은 그 실마리를 다스려 나누는 것이요, 륜은 유형에 따라 합하는 것이다.
大經(대경), 大本(대본) 정현은 대경이 육예(六藝) 가운데 『춘추』를 가리키고, 대본은 『효경』을 가리킨다고 보았다. 주희에 따르면, 대경은 인의예지신의 다섯 가지 인륜이며, 대본은 본성에 간직하고 있는 전체이다.
핵설 『중용』1장에서는 '중(中)'을 천하의 대본(大本)이라 했다.

夫焉有所倚, 肫肫其仁, 淵淵其淵, 浩浩其天.

(그에게) 어찌 치우침이 있겠는가. 그는 정성스럽고 간절하게 어짊을 베풀 수 있다. 깊고 깊음은 연못과 같고, 넓고 넓음은 하늘과 같다.

夫焉有所倚(부언유소의) 주희는 위 구절과 이어지는 것으로 보았다. 그 의미는 "어찌 다른 것에 의지한 뒤에 그러할 수 있겠는가?"로 풀이된다.
肫肫(순순) 정성스럽고 간절하다〔懇誠貌〕는 뜻이다. 굴원(屈原)의 『초사(楚辭)』「구변(九辨)」편에 따르면, 한결같고 정성스럽고 진지하다는 뜻이다.
淵淵(연연) 물이 깊고 깊은 모습을 뜻한다.
浩浩(호호) 가없이 넓고 큰 모습을 뜻한다.
핵설 주희에 따르면, 순순은 지극히 간절한 모습〔懇至貌〕으로 경륜(經綸)의 측면에서 말한 것이고, 연연은 깊고 고요한 모습〔靜深貌〕으로 입본(立

本) 즉 대본을 세우는 측면에서 말한 것이며, 호호는 넓고 큰 모습[廣大貌]으로 화육을 안다는 점에서 말한 것이다.

苟不固聰明聖知達天德者, 其孰能知之?

진실로 총명하고 성스러우며 지혜로워서 하늘의 덕을 잘 아는 이가 아니라면, 그 누가 지극히 성실한 사람을 알 수 있겠는가?

해설 주희는 여기까지를 32장이라 했다.

제33장

詩曰: "衣錦尙絅", 惡其文之著也. 故君子之道, 闇然而日章; 小人之道, 的然而日亡.

『시』에 이르기를 "비단옷을 입고 그 위에 겉옷을 걸쳤구나!"라고 했으니, 그 비단옷의 무늬가 드러나는 것을 싫어한 것이다. 그러므로 군자의 도는 어두운 것 같지만 날로 드러나고, 소인의 도는 뚜렷하게 드러나지만 나날이 사라진다.

詩(시) 『시경』「위풍(衛風) 석인(碩人)」편이다.
衣錦尙絅(의금상경) 『시경』에는 "비단옷을 입고 홑옷을 걸치다.[衣錦褧衣]"고 되어 있다. 경(絅)은 위에 겹쳐 더 걸쳐 입는 홑옷이다.
闇然(암연) 공영달에 따르면, 군자의 덕은 심원하고 겸손하며 사양하기 때문에 첫눈에는 잘 보이지 않음을 형용한 것이다.
的然(적연) 공영달에 따르면, 소인은 자기 과시가 심하기 때문에 얼핏 보기에 재주와 기예가 뚜렷이 드러나는 것 같음을 형용한 것이다.

君子之道, 淡而不厭, 簡而文, 溫而理, 知遠之近, 知風之自, 知微之
顯, 可與入德矣.

군자의 도는 담박하지만 싫증 나지 않고 간결하면서도 문채가 나며 온화하면
서도 사리가 분명하다. 그러므로 먼 것이 가까운 것에서 말미암음을 알고 바
람이 시작되는 곳을 알며 은미한 것이 드러남을 안다면, 덕에 들어갈 수 있을
것이다.

可與(가여) 공영달은 여를 이(以)로 해석했다.

入德(입덕) 정현과 공영달은 성인의 덕으로 들어갈 수 있다는 뜻으로
풀이했다.

詩云: "潛雖伏矣, 亦孔之昭." 故君子內省不疚, 無惡於志.

『시』에 이르기를 "(물고기가) 비록 잠기어 숨어 있더라도, 또한 매우 분명하게
보이는구나."라고 했다. 그러므로 군자는 안으로 자신을 돌아보아 허물이 없
다면 (비록 때를 만나지 못하더라도) 그 뜻을 꺾지 않는다.

詩(시) 『시경』「소아 정월(正月)」편이다.

孔(공) 정현은 심(甚)이라 하여 '매우'로 풀이했다.

無惡於志(무악어지) 정현에 따르면, 안으로 자신을 살펴보아 잘못이
없거든 자기가 세운 뜻을 지켜 더욱 견고히 해 나가야 함을 말한 것이다.
자기가 세운 뜻을 살려 가야 한다. 주희는 "마음에 부끄러워할 바가 없
음"으로 해석하고, 군자의 근독(謹獨)에 해당하는 일로 보았다.

해설 공영달에 따르면, 『시경』「소아 정월」편의 원뜻은 물고기가 물속
에 잠겨 숨어 있더라도 아주 잘 드러나 사람에게 잡히고 만다는 뜻이었
는데, 여기서는 기록자가 단장취의하여 군자가 뜻을 펼 수 있는 세상을

만나지 못해서 자신을 숨기더라도 그의 덕은 더욱 밝게 드러남을 비유한다고 보았다.

君子所不可及者, 其唯人之所不見乎? 詩云: "相在爾室, 尙不愧于屋漏."

(사람들이) 군자에게 미칠 수 없는 것은 아마 다른 사람이 보지 못하는 데에 있지 않을까? 『시』에 이르기를 "너의 집에 있을 때에도 너 자신을 항상 살펴보아야 할 것이니, 옥루에서 보는 이가 없다고 부끄러운 일을 하지 말지어다."라고 했다.

> 其唯人之所不見乎(기유인지소불현호) 정현에 따르면, 군자가 비록 드러나지 않는 곳에 있더라도 자신의 풍모와 덕성을 잃지 않는다는 것이다.
> 詩(시) 『시경』 「대아 억」 편이다.
> 相(상) 정현은 보다[視]의 의미로 풀었다.
> 屋漏(옥루) 종묘(宗廟)의 서북쪽 귀퉁이에 있는 으슥하고 깊숙한 곳에 휘장을 친 곳이다.

故君子不動而敬, 不言而信. 詩曰: "奏假無言, 時靡有爭."

그러므로 군자는 행동하지 않더라도 존경을 받고 말을 하지 않더라도 신임을 얻을 것이다. 『시』에 이르기를 "종묘에서 장엄한 음악을 연주할 때 사람들이 말없이 숙연하니, (이는) 그때에 다투는 일이 없기 때문이다."라고 했다.

> 詩(시) 『시경』 「상송(商頌) 열조(烈祖)」 편이다.
> 假(가) 정현에 따르면, 크다[大]는 뜻으로 종묘에서 대악(大樂, 우아하고

정중한 음악)을 연주하는 것을 가리킨다. 공영달에 따르면, 탕 임금을 제사 지낼 때 종묘에서 대악을 연주했는데 사람들이 모두 엄숙하고 경건하여 떠드는 소리가 없었다고 한다. 그러나 주희는 가를 감격(感格), 즉 '감화되다'로 보았다. 그는 신명(神明)을 느낄 때 정성과 경건함을 다했으니 말이 없어도 사람들이 스스로 교화되었다고 풀었다.

是故君子不賞而民勸, 不怒而民威於鈇鉞. 詩曰: "不顯惟德, 百辟其刑之."

그러므로 군자가 상을 내리지 않아도 백성들이 권면하고, 화내지 않아도 백성들이 작두와 도끼보다도 무서워한다. 『시』에 이르기를 "드러나지 않겠는가, 덕행에 힘씀이여! 모든 제후들이 본받는구나."라고 했다.

詩(시) 『시경』 「주송 열문(烈文)」 편이다.
不顯(불현) "어찌 드러나지 않겠는가!"의 의미로 드러남을 뜻한다.
刑(형) 본받는다(法)를 뜻한다.

是故君子篤恭而天下平. 詩云: "予懷明德, 不大聲以色."

그러므로 군자가 공손함을 도탑게 하여 천하가 태평하다. 『시』에 이르기를 "나는 밝은 덕을 지닌 사람에게 돌아가니, 그가 큰 소리를 내면서 낯빛을 무섭게 하기 때문이 아니다."라고 했다.

詩(시) 『시경』 「대아 황의(皇矣)」 편으로, 문왕(文王)의 덕을 찬미한 내용이다.
懷(회) 정현은 돌아가다(歸)로 풀었다.

聲(성), 色(색) 사나운 말과 매서운 낯빛이다.

子曰: "聲色之於以化民, 末也. 詩云: '德輶如毛.' 毛猶有倫. '上天之載, 無聲無臭.' 至矣."
선생님께서 말씀하셨다. "소리 지르고 낯빛을 붉히는 것은 백성들을 교화하는 데 가장 좋지 않은 방법이다. 『시』에 이르기를 '덕은 털처럼 가볍다.'라고 했으나, 털은 가볍기는 하지만 그래도 (무게를) 비교할 것이 있다. '하늘이 하는 일은 소리도 없고 냄새도 없다.'라고 하니, 그것이야말로 가장 높은 경지이다."

詩(시) 『시경』「대아 증민」 편이다.
德輶如毛(덕유여모) 정현에 따르면, 덕으로 백성들을 교화하니 그 용이함이 털과 같음을 비유한 것이다.
倫(륜) 정현은 비교하다[比]로 풀었다.
上天之載, 無聲無臭(상천지재, 무성무취) 『시경』「대아 문왕(文王)」 편이다.
載(재) 정현에 따르면, 재배한다[栽]는 뜻이다. 주희는 일[事]로 풀이했다. 『논어』「양화(陽貨)」 편의 "하늘이 무슨 말을 하더냐? 사계절이 운행하며, 온갖 물건이 생겨난다. 하늘이 무슨 말을 하더냐?[天何言哉! 四時行焉, 百物生焉, 天何言哉!]"의 내용처럼 사계절을 운행하고 만물을 낳는 일을 가리킨다.
해설 주희는 여기까지를 33장이라 했다.

참고 문헌

십삼경주소(十三經注疏) 『예기정의(禮記正義)』.

『중용장구(中庸章句)』, 남송(南宋) 주희(朱熹).

『중용혹문(中庸或問)』, 남송 주희.

『중용찬소(中庸纂疏)』, 남송 조순손(趙順孫).

『중용자잠(中庸自箴)』, 조선 정약용(丁若鏞).

『중용강의보(中庸講義補)』, 조선 정약용.

『사서독본 학용(四書讀本 學庸)』, 대만 장보첸(蔣伯潛).

『중용금주금역(中庸今註今譯)』, 대만 쑹톈정(宋天正).

『신역사서독본(新譯四書讀本)』, 대만 셰빙잉(謝冰瑩) · 리셴(李鍌) · 류정
    치오(劉正浩) · 추셰유(邱燮友).

『중용의리소해(中庸義理疏解)』, 대만 양주한(楊祖漢)

『한문대계(漢文大系)』, 일본 핫토리 우노키치(服部宇之吉) 교정.

찾아보기

동양고전연구회

원전에 충실한 주석과 현대적 해석을 통한 동양 고전 출판을 목표로 1992년 6월 출범했다. 한국 철학·선진 유가 철학·송명 유학·청 대 유학·도가 철학을 전공한 연구자들로 구성되어 있으며, 지난 25년 동안 회합하며 고전을 번역하고 주해해 왔다. 우리 전통의 발판 위에 미래 문화를 창달하기 위해 계속해서 번역 작업에 힘 쓰고자 한다. 동양고전연구회의 첫 사업으로 간행한 『논어』는 《교수신문》 선정 최고의 번역본으로 꼽혔다.

이강수(李康洙)　고려대 철학과 졸업, 국립 타이완대 대학원 철학과 석사, 고려대 대학원 철학과 박사. 경희대 국민윤리학과 조교수, 중앙대 철학과 부교수, 연세대 철학과 교수 역임. 저서 『노자와 장자』·『중국 고대 철학의 이해』, 역서 『노자』·『장자』 외.

김병채(金炳采)　고려대 철학과 및 동 대학원 졸업, 국립 타이완대 대학원 철학과 석사, 대만 푸런대학 대학원 철학과 박사. 한국공자학회 회장, 한양대 철학과 교수 역임. 저서 『전통 유학의 현대적 해석』(공저), 논문 「선진 유가 철학의 도덕의식 연구」 외.

장숙필(張淑必)　고려대 철학과 졸업, 고려대 대학원 철학과 석사, 박사. 현재 고려대 민족문화연구원 선임연구원, 한양대 겸임교수. 저서 『현대 사회와 동양 사상』(공저)·『한국 유학 사상 대계 사회사상편』(공저), 역서 『성학집요』 외.

고재욱(高在旭)　고려대 철학과 및 동 대학원 석사, 대만 푸런대 대학원 철학과 박사. 베이징대 및 지린대 교환교수 역임. 한국중국학회장 및 한국중국현대철학연구회장 역임. 현재 강원대 철학과 명예교수. 저서 『중국 사회사상의 이해』(공저)·『처음 읽는 중국 현대 철학』(공저), 역서 『중국 사회사상사』·『중국 근대 철학사』·『빌헬름 슈미트 힌나플 횡시 비교 철학』 외.

이명한(李明漢)　중앙대 철학과 졸업, 국립 타이완대 대학원 철학과 석사, 중국문화대 대학원 철학과 박사. 현재 중앙대 철학과 명예교수. 논문 「양명 양지 개념의 형성과 그 의의 연구」 외.

김백현(金白鉉) 한국외국어대 중국어과(철학 부전공) 졸업, 국립 타이완대 대학원 철학과 석사, 대만 푸런대 대학원 철학과 박사. 현재 강릉원주대 철학과 교수. 베이징대 및 쓰촨대 공동연구교수, 중국학연구회장 및 한국도가철학회장 역임. 저서『중국 철학 사상사』·『도가 철학 연구』·『莊子哲學中天人之際研究』(대만) 외.

유권종(劉權鐘) 고려대 철학과 졸업, 고려대 철학과 석사, 박사. 현재 중앙대 철학과 교수. 저서『유교적 마음 모델과 예 교육』(공저)·Ecology and Korean Confucianism(공저)·Encyclopedia of Food and Culture(Springler)(공저) 외. 논문「위기지학의 개념화 과정」·「통합 마음 연구를 위한 마음 모형」외.

징상봉(鄭相峯) 서울대 철학과 졸업, 국립 타이완대 대학원 철학과 석사, 박사. 현재 건국대 철학과 교수. 논문「주자 심론 연구」(박사학위논문)·「주희의 격물치지와 경 공부」·「주희의 인론」·「주자 형이상의 심층 구조」·「정명도의 천리와 인성에 대한 이해」·「퇴계의 주자 철학에 대한 이해와 그 특색」·「유가의 정감 윤리학」외.

안재호(安載晧) 중앙대 철학과 졸업, 국립 타이완대 대학원 철학과 석사, 베이징대 철학과 박사. 현재 중앙대 철학과 부교수. 저서『왕부지 철학』·『공자왈, 공자는 이렇게 말했다』, 역서『송명 성리학』·『중국 철학 강의』외.

이연승(李姸承) 서울대 종교학과 졸업, 타이완대 박사. 현재 서울대 종교학과 부교수. 저서『양웅: 어느 한 대 지식인의 고민』·『제국의 건설자 이사』, 역서『방언소증』·『법언』·『사상사를 어떻게 쓸 것인가』등.

김태용(金兒勇) 한양대 철학과 및 동 대학원 졸업, 타이완대 석사, 베이징대 박사. 현재 한양대 철학과 부교수. 논문「『중용』의 '성' 개념에 대한 연구」, 저서『현대 신유학과 중국 특색의 사회주의』(공저)·『처음 읽는 중국 현대 철학』(공저) 외.

이진용(李溱鎔) 연세대 철학과 졸업, 연세대 대학원 철학과 석사, 베이징대 철학과 박사. 건국대 연구전임조교수 역임. 현재 연세대 원주캠퍼스 철학과 부교수. 저서『포박자 연구』(공저), 논문「회남자의 우주 생성론 고찰」외.

중용

1판 1쇄 펴냄 2016년 8월 29일

1판 4쇄 펴냄 2021년 9월 6일

옮긴이 동양고전연구회

발행인 박근섭, 박상준

펴낸곳 **(주)민음사**

출판등록 1966. 5. 19 (제16-490호)

서울특별시 강남구 도산대로1길 62(신사동) 강남출판문화센터 5층 (우편번호 06027)

대표전화 02-515-2000

팩시밀리 02-515-2007

ⓒ 동양고전연구회, 2016. Printed in Seoul, Korea

ISBN 978-89-374-3334-4 04140

ISBN 978-89-374-3330-6 (세트)